罕见的爱
RARE AMOUR

王丁丁 著

文汇出版社

不要什么都弹奏,或每时每刻都弹奏;有些事就让它过去吧……你不弹奏的东西可能比你弹奏的更重要。

——爵士钢琴家、作曲家塞隆尼斯·孟克

目录

001	他 /K
016	K,米亚,父亲
080	吻的剖析
093	K,方达,父亲
114	身体的剖析
123	K 的狂欢
140	K,X
164	X,母亲
184	K,X
210	爱的剖析
227	K/ 他

他 /K

1.

乐队排练的最后一组合奏还没结束,这位瘦高的年轻人就迫不及待地从琴凳上跳起来,一边伸手从胸前的衣兜摸索烟盒,一边急匆匆向外面走去。距离那场题为《变形记》的摄影展闭幕只剩最后两个小时,而他在过去的三周内虽然屡次发誓要即刻光顾,却就是无法让这个简单的愿望顺利实现。好在展览地点设在附近一所画廊里,步行五分钟即可到达。刚来到室外,他就熟练地掀开打火机,让雀跃的心情和香烟一道熊熊燃起。作为卡夫卡的忠实读者,而非摄影爱好者,他对这场活动充满期待,并渴望见证由原著衍生出的任何解读。

但还没完全走出这座由旧仓库改造的建筑物的影子,他就被绕不开的麻烦事绊倒了。一位风风火火的矮个子姑娘像老熟人似的将他拦腰截住,先是对乐队昨晚的演出给予盛赞,紧接着又夸奖起他更早之前的若干次露脸。

只需寥寥几句,他就完全摸透了这位姑娘的意图。当一位乐迷面色羞红地赞扬乐手的表现,并专程"顺路"把这些话当面带到时,她当然不是有口无心地奉承,而是在真诚地邀他共浴爱河。不幸的是,曾经通过这种方式向他示爱的人全部心碎地离开,而就算他的确怦然心动,也会拒绝创造和她们进一步接触的机会,因为比起艳遇,他更想遵守一条铁律:乐手不该和乐迷恋爱。对他来说,把乐迷排除在恋爱对象之外是种值得体谅的职业洁癖,是对伟大的公平性的深刻理解——事实上,早在他陷入对阿根廷女钢琴家玛塔·阿格里奇的疯狂迷恋时就看清了这个道理:演奏家和聆听者之间永远存在一道无法逾越的鸿沟。演奏家无法为了讨好乐迷而放下高耸的尊严,而乐迷也绝不可能因为恋上演奏家而变得今非昔比。

"十分抱歉如此冒昧打扰。"姑娘还在喋喋不休,"我只想和你交个朋友。"

"没问题,欢迎常来看演出,有机会可以一起喝一杯。"在刚才闲聊的过程中,他们已经缓步至路口,而现在,刚好可以用这句话作为收尾。

"谢谢,"姑娘眼中流露出感激的光芒,"如果可以的话,能否和你交换联系方式?"

他勉强挤出一丝不置可否的微笑,伸手接过她事先准备好的纸条,却并没有给她留下他的。这位姑娘貌不惊人，浓厚的妆容使她的美模糊不清，面部表情也因此显得僵硬造作。

"你知道，我也会弹一点儿钢琴。"她自顾自地继续说。

"哦，那很好。"他简短应付道。

"但我的水平只能逗逗孩子。我是名幼儿音乐教师，几乎每天都要把《一闪一闪小星星》反复弹上四遍，虽然听上去完全一样，我却从未感到烦腻。我猜你在演出时也有类似体验，即使永远重复同一支曲子，也总能找到新的灵感，对吗？"她令人无法察觉地停顿片刻又接着说，"也许这就是经典音乐的伟大之处。但是总之，我最羡慕的是你能做即兴表演的能力，当然，除了技巧，这绝对是种天赋。"

他点了点头，抑制住想要针对她的观点反驳几句的冲动。为了不失礼节地提醒对方适可而止，他抬起手腕看了看表。那是一块硕大而陈旧的机械手表，粗笨的不锈钢表带像手铐一样箍在他纤细的腕子上，使人不禁想把他从这并不轻松的束缚中解救出来。姑娘的注意力果然被此情景完全吸引住了。"这块表看上去很重，你在演出时也要佩戴它么？"她好奇地追问。

"不。"他终于忍不住了，"实在抱歉，我必须先走一步。"

"请稍等！"姑娘灵巧地堵住他要迈步的方向，"嗯……这么说吧，如果……即使……唉，其实还有件事,但我不知道该怎么说。"

K不得不用默许的目光允许她说下去。他有种不祥的预感,似乎真正的对话还没开始。

她动作麻利地拉平因不停讲话而变皱的衣襟,把掉在额头前面的一小撮头发拢到耳后,迅速调整了呼吸,收起饱满的笑容,神色柔和而庄严地宣布:"事情是这样的,我对你的情况略知一二。"

"什么情况?"他一头雾水。

"在城市广场南面的相亲角,我看到过你的资料,并对你的信息很感兴趣。"

这个短小精悍的句子一经推出,便如同一道闪电在他头脑里炸开,并在顷刻间使他像被剥光衣服般羞愧难当。他情不自禁低下头,双手交叉掩住下体,意识到刚才还在仰视他的姑娘并非普通乐迷,而不幸更像是他万里挑一的未婚妻的化身。"这么说,你见过我的父亲?"他有气无力地问。

"是的,在相亲角见到过,你父亲真是个热心肠,"她决定不向这位敏感的艺术家提及他可怜的父亲所经受的悲惨遭遇,"在看到你的资料后,出于好奇,我向他询问了你的工作地点,才意外得知你竟然在这里工作。"

"相亲不是我的本意,希望你别误会……"

"没关系,我去那里也并非出于自愿,但就算是迫于父母压力,也仍然会有意想不到的收获。"

他慌乱地掰着手指,感到自己就像只即将破碎的透明气泡。比起像个傻子一样站在这儿出丑,他真想立刻丢下她跑掉。"我明白你的好意,但是我已经有朋友了。"情急之中,他总算找到了这个万无一失的托词。

姑娘听到这儿,却如释重负地叹了口气:"我猜到了!但我想说的重点正在于此——我不介意你有朋友。"

"你说什么?"

"老实说,我对你的确挺有好感。但是我并不需要真的和你交往。我了解你的情况,因此也不要求你和我有任何亲密举止,当然,如果不得已在外人面前装装样子我也愿意配合。"

"你把我当成什么了!"他的身体颤抖着,灵魂愤怒地摔门而去。

"你不是……同性恋吗?"她尽量压低声音保持温柔地提醒道,"没关系,你不必向我坦白,但请你考虑一下,因为我可以接受名义上的婚姻。"

他的灵魂又转了回来。"关于我的事,是谁告诉你的?"

"别担心,不是你父亲,他什么都不知道。"她像能读懂他的心思似的回答道,"但这没什么不对的。也许我能帮到你,而你也能帮到我。"

2.

他浑身燥热,心不知所措地狂跳。用不着仔细思考就能知道,这是场骗局,应当不假思索立即逃走。事实上他正是这么做的,只是她的话已经像支毒箭击中了他,导致他在负伤逃跑的路上不住地从脊梁冒出冷汗。但与其说是那种令人似懂非懂的言外之意让他不寒而栗,倒不如说他更像是陷入了一种出于无能的自责。在他的嘴唇先于理智蠕动之前,她凭什么断定他想向她坦白?而更重要的是,为什么即使对方明确提出"你不必向我坦白"的条件,他却敏感地被这句话中仁慈的体谅感动,只想用舌尖顶掉那块堵住嘴巴的破布,向这个素不相识的陌生绑匪诉说一切呢?

但是,承认抑或反对,他又该如何选择?当过往的经历足以为两种论点分别作证时,他是该只露出半副好牌打消对方的误解,还是应当老老实实完全摊牌加深她的疑虑呢?

答案似乎隐藏在途经的每扇商店玻璃中,因为他一路上都在朝着它们紧锁眉头,还偶尔在几面真正的镜子面前停下来仔细端详。在那里,一位没有笑容的年轻人时而严肃地盯着他看,时而胆怯地避开他的双眼。他柔软的头发被整齐地扎成马尾辫垂在脑后,别在左侧耳垂上的银饰耳钉熠熠生辉。他身穿磨白的浅蓝色牛仔服，衣袖由于手臂过长而看上去短了半截，一双修长的瘦腿被黑色紧身裤包裹，使他原本高挑的形象更显得干练挺拔。但无论如何，他丝毫不为自己拥有这个引人注目的外形而洋洋自得，因为最大的错误正隐藏在这副躯壳里，一切痛苦也皆源于此。

直到不知不觉来到摄影展售票处，他才得以暂时从消沉中抽身。"一张《变形记》。"他说。

售票的女士显然吃了一惊。从他稚嫩的嗓音，她断定他顶多是个初中生，而能做到在此时，周二下午三点悠然闲逛，且不穿校服，神情沮丧，只能说明他是个有心事的逃课学生。售票女士强忍住想要揭穿他叛逆把戏的欲望，严肃地要求他出示学生证，并说只有看到证件才能卖给他学生票。

"我要的是成人票，因为我不是学生。"他把脸凑近玻璃，仿佛那是一张有说服力的证件。他眉清目秀，眼窝像洋娃娃般深邃迷人，白皙的皮肤光洁细腻，仿佛粘了层新鲜的杏仁糖霜。售票女士无法从这张脸上得到任何与成年人有关的结论，但出于谨慎，她没有急于管教这个孩子。此刻，一束像早晨的露珠般清澈无辜的目光正注视着她浑浊的双眸，平静地等待宣判。法官的心被这位漂亮的婴儿融化了，她温和下来，敲打着法槌宣布：

"姑娘，如果忘记带学生证也不要紧……"

在她眼角滚动的慈悲之怀再次让这位年轻人颤栗

不止。就像刚才的遭遇一样，除了无力地低下头，他再无更好选择。他的手里空空如也，兜里掏不出任何证据，既无法解释自己到底爱男人还是女人，也无法让别人相信他是货真价实的雄性，甚至连大胆报出真实年龄也显得出奇困难。难道还有比这更令人难以承受的事吗——由于他无法证明自己是谁，就得承受住生命中无穷无尽的捉弄和玩笑。

3.

他已经二十六岁，却似乎还活在十三岁的续集里。虽然由于休过学，他一直是班级里年龄最长的学生，但自从升入初中，这位"大孩子"的身体就像被套进了隐形的枷锁——当然，这并非指他的身高，因为他看起来可谓鹤立鸡群，但当同班男生都开始陆续从唇边冒出柔软的胡须，说话时喉咙像生吞了只小耗子般上下翻滚，声音也从尖锐的童腔变得低沉沙哑半生不熟时，他却如同被冻住的雪人般毫无发育迹象，并由于"娃娃音"而成为无可争议的挨揍对象。借助衣服的掩护，他成功逃过了自己腋下和私处寸草不生这一窘境被发现的悲剧，但有一年夏天，当他的胸部竟然莫名其妙地微微隆起时，再宽松的衣服也无力帮他抵挡住流言蜚语的疯狂蔓延。在这场匪夷所思的生长灾难中，最令他难堪的是拒绝成熟的生殖器——由于小便时被同学看到,"花生米"从此变成他的代号。而即使看了《玛莲娜》中最撩拨人心的片段,他仍然无法迅速定位缩在皮肤褶皱里的幽暗之地。从十三岁到十八岁整整五年时间里,他的唯一理想就是经历遗精,但当十九岁的生日蜡烛被点燃时,他放弃了这个白日梦,而是默默祈祷能够在电视之外见到他唯一的偶像,真实的女钢琴家玛塔·阿格里奇。

当然,在他十三岁前,情况远非如此。那时他是全家的宠儿,远近闻名的美男子,前途无量的音乐天才,站着撒尿的精灵。他双腿间的小花骨朵是护身符,是崇高地位的象征。总有一天,当花骨朵茁壮成长为鲜艳挺拔的玫瑰时,它将寻找到生命之门,喷射出延续父系家族的火种。关于这点,父亲从儿子还是婴儿时就洞察到了,因为他总能又直又准地把尿喷到父亲脸上。为此,父亲不但毫不计较,反而高度赞扬了儿子强劲的动物本能——人类绝不是靠大脑的智慧运算得以繁衍生息的,靠的是动物性。只有最具生命情怀的人,才能从一小注有力的尿液中体会到这种伟大的美,而只有他们才会是无愧于祖先的后人。

4.

与同龄人格格不入的发育噩梦使他从未停止过对一个问题的思考:我是谁。而在众多值得收藏的答案中，最早令他为之一颤的想法则应从中学时代的往事谈起。

初中时，一个大胡子男同学向他表达了好感。他和他截然不同，身强力壮，在球场上轻松一跃便能触及篮板，胡子又黑又硬，即使早晨刚把它们剃得像蛋清一样精光，到了下午又会像营养过剩的海藻长满腮帮。私下里，他管他叫"姑娘"，而他丝毫不觉得反感，反而受宠若惊。因为大胡子像头威武的雄狮，不但在男生中拥有绝对的权威，也是女生们公认的偶像。而最为可贵的是，他拒绝被赞颂，并固执地无视那些真正的姑娘们炽热的心，任凭她们可怜巴巴地偷看他，抓住一切机会塞给他令人心碎的情书。一天，大胡子把其中一封情书原封不动地拿给他。"打开，"他说，"读来听听。"

他们常做这个游戏，而大胡子总能从每一封信中找到足够多的笑料取乐。他开始朗读了，但这次大胡子没笑。他是如此沉默，以至于他需要不时从朗读中抬起头，以确保对方仍然在场。信的内容确实比以往任何一封都更真挚感人，通篇没有堆砌华丽的辞藻，没有热烈的抒情，却充满了敢于突破世俗的誓言和勇气。在长信的末尾，他看到了两个字母，并认出那是姓名的简写。"这是写给你的。"大胡子说。在温润而坚定的目光中，他平生第一次体会到被命运选中的不知所措。

这份爱默默生长了两年,最终枯萎于毕业后长期的分离。在世俗的世界里,比偏见更可怕的是激情褪去,而即使一份诞生于惊世骇俗中的爱,也逃不出被日常琐碎埋葬的厄运。很久之后,他不断上演的梦中开始频繁出现一位为了保护他而出现的人物,他辨认出是他曾经熟识的胡须。醒来后,他恍如隔世般再次回忆起他们曾经的相处和分开的痛苦。

但不到半年,他就深陷一场终其一生的爱。那时,作为高中生的他第一次从电视上看到玛塔·阿格里奇的录影。黑白画面中,这位二十四岁便获得肖邦钢琴比赛大奖的漂亮少女竟然在钢琴前边说笑边吸烟,而当她刚夹过香烟的手指放上琴键,就像正极接通负极,不羁的神情瞬间转化成绝伦的音乐。他就在那时疯狂热爱上她——不是作为天才,而是作为叛逆少女。他学会了像她那样优雅地吞云吐雾,并骄傲地把这份爱讲给那些对他友好的乖巧女孩听,但她们不以为然。"你连认识她的可能都没有啊!"聪明的女孩们总是一语中的,而他越和她们争辩,她们越觉得他滑稽可爱。

六年后的一天,他真的见到了玛塔。五十五岁的钢琴家周身漾出毫不逊于当年的不羁的美丽。演奏的是李斯特降E大调第一钢琴协奏曲。演出结束,望着在签售处等待玛塔的长龙,他却果断放弃排队,直接奔向后台——作为真正了解玛塔的人,他坚定地相信自己的预判。果然,他在那里见到了就连记者们都没有等到的玛塔。在那条明亮而安静的走廊里,他分别用西班牙语和英语对她说:"我一直很爱您。"玛塔回报给他一道慷慨的微笑。

当然,阅读也使他深受启发,并让他一度认定自己从属于心智错乱的怪胎。灵感来源于君特·格拉斯笔下那位三岁时摔成侏儒,歌声尖锐,成天敲铁皮鼓的奥斯卡·马策拉特;以及菲茨杰拉德在《返老还童》中塑造的从出生即为老人,而在暮年回归婴儿的本杰明·巴顿。他含着泪读完这些具有死亡寓意的故事,并试图让自己相信他们不过是虚构的人物,是被作家操纵的牵线木偶。然而他越努力把自己从那个阵营排除就越沮丧,因为比起他们,他的怪异不仅真实存在,并且更加难以启齿。

最后,当读到卡夫卡的小说《城堡》时,他终于从宿命的,孤独的,失望的,执着的土地测量员 K 身上找到了精神共鸣。在故事中,这位小人物为了取得进入村子的资格,与在城堡中掌控村子权力的神秘力量持续周旋。虽然作家在小说完成前病逝,但在他的暗示中,土地测量员 K 最终死在了村子里,而在他临死前,来自城堡的通知被递到了病床前:他的法定居住证已经失效。因此,K 获准在村中居住和工作,但永远不能进入城堡。

他就是在读完这个永远埋藏在作家心里的结局时,才意识到终极问题的答案不是靠思考得来的,因为它会在临死前被命运公布。他像突然领悟到真理似的激动不已，当即决定改名为K，从此停止关注令人困惑的生长之谜，并把唯一的爱好确定为弹琴。事实证明这是明智的选择，在二十三岁那年，他凭借出色的演奏技艺，被"棉花俱乐部"录取为乐师。当然，争取到这份好工作颇费周折，因为老板拒绝聘用可疑的女童作为员工。为此，他小心翼翼地向老板献殷勤，绞尽脑汁学习变老之术。终于，音乐为他赢得了通行证——凭着对爵士乐和古典乐的熟练掌握，他很快成为俱乐部的夜场头牌。不过对他而言，比演奏更重要的是，在这昏天黑地的环境里，没有人在意他缺席的青春期，因为夜场里的每个角落，都泛滥着无色无味的、热气腾腾的荷尔蒙。

5.

不久后的一个晚上，当他从观众席里再次看到那位乐迷姑娘的身影时，紧张之情已然不复存在。他不仅态度友善地同她打了招呼，并兑现了曾经的承诺，邀请她坐下来共饮一杯。她看上去镇定自若，完全不见之前慌张潦草的影子，仿佛他们并不是第二次见面，而是熟识多年的老朋友。

啤酒泡沫如此轻盈，从杯底冒到杯子边缘，又从胃底沿着喉咙直冲口腔，最终变成一连串惬意的酒嗝在唇边绽放。随着这些可爱的氢气球竞相升空,他本以为它们会顺理成章地把他深藏于心的重物拽出来,就像他已做好准备放飞它们那样。但他失策了。"坦白"不是装在编织筐里的和平鸽,而是铺满心底的硬石头。只有实实在在地摸着它们,才能诚实面对生活的核心本质——那个永恒的哲学问题"我是谁",并找到最接近真相的可靠答案。

直到两人都喝完约定好的那杯啤酒,危险的假象才被戳穿——她对他的了解并没有想象的多,而他对她几乎一无所知。事实上,他们还不得不怯生生地询问彼此的称呼,而当她得知他的名字是字母 K 时,夸张地睁圆眼睛连呼巧合,并说她的名字是字母 X。对此,他并未表现出浓厚的兴趣,因为这个名字必定是为了迎合他而临时仿造出来的。

但即使如此,他仍希望她能再次给他点儿坦白的动力。只要她再若有所指地提出些暗示,他就一定会对她吐露实情,毕竟,就在这段日子里,他刚好找到能够反驳她曾提出的质疑的有力证据。但她沉浸在老熟人的角色中和他聊着见闻和天气,就算让时间在沉默中一页页翻过也不打算旧事重提。

一直熬到道别时刻,他才只好主动挑明话题。"还记得上次你说过的话吗?你提到同性恋,还提到名义上的婚姻……"

她抬起头眨眨眼睛,意思是她全都记得。

"我想告诉你的是,你听到的传言并非实情。我有女朋友,并且感情很好。"一轮自豪的明月从他眼中升起,"因此,请忘掉那些离谱的想法,我帮不了你,你也帮不了我。"

K，米亚，父亲

1.

摄影展中的作品，用黑白影像记录了若干组不同年龄段的父亲和他们的儿子真实而平凡的生活图景。挂在展览入口处的巨作是张祖孙三代赤裸上身拍摄的全家福，在这张被放大到几乎要撑满一整面墙的作品中，娇嫩的婴儿，血气方刚的年轻父亲和年迈的老父亲彼此相拥，他们质地截然不同的肌肤和挂满微笑的脸庞感人至深，而一种超越血脉亲情的伤感情绪也几乎一触即发，并令这朴素的场景由于浓缩了生命的原始意义而显得惊心动魄。

K完全是因为影展和卡夫卡的小说同名才去参观的。在每幅作品前驻足观赏后，他认为虽然照片的确具有生活情趣，但叫作"变形记"不仅牵强，而且实在令人无法容忍。当他准备离开展场时，发现摄影师本人正站在他身旁。就是刚才，这位叫米亚的姑娘还在最后一批记者的簇拥下光彩夺目，而此刻，在已经冷清下来的画廊中，她完全融入普通参观者的队伍，仰头盯着一幅作品出神打量。

K本不想没话找话，但堆积如山的疑惑显然恰好找到了出口。他鼓起勇气走近她，尽量恭敬地提出心中的疑问：这些作品和卡夫卡的故事有什么共性。

"成长和衰老是每段人生必经的变形历程。"她向他转过身，不假思索地公布答案。

"您是否知道，《变形记》是一出悲剧，格雷戈尔最后被父亲打死了。"

摄影师显然愣住了。她并没完整读过这篇小说，谁是格雷戈尔？

"原著的重点不是变形的过程，而是冷漠的人际关系——尤其是父子关系，但这场摄影展的主题却充满温情。事实上，这种东西在卡夫卡的作品中并不存在。"K接着说。

摄影师无奈地耸了耸肩。"你不喜欢这些照片，是因为你认为我在故意煽情？"

"您可以煽情，但选用这个题目并不合适。如果您在制定标题的时候对故事有所了解，就会明白这是个完全相反的误读。"K迟疑片刻，向边上迈出几步，伸手指着不远处一张表现几个小儿子在父亲的带领下奔跑在果园间争先恐后摘苹果的照片说，"在真正的《变形记》里，苹果是凶器，父亲就是用苹果把格雷戈尔砸死的。"

摄影师并未对这些质疑做出回应。此刻，一种难以置信的表情在她脸上升起。她盯住他看，然后又退后几步继续打量，仿佛他忽然变远了似的。

她梳利落的短发，不戴任何饰物，除了嘴唇上涂有一层轻薄的唇彩，再无任何额外妆容。她算不上漂亮，但修长的眼睛，浓重的眉毛和苗条的体形使她显得神采奕奕。在连续几天参展之后，她本已疲惫不堪，并厌倦了同陌生的喜欢或不喜欢她作品的观众交流心得。但就在他抬起手臂的瞬间，她被一股神秘的风从视觉疲劳中唤醒了。她见过大把无懈可击的漂亮脸蛋儿，遗憾的是，标致的美比丑还令她无法忍受。而他不同，他的肢体语言像芭蕾舞演员般自信舒展，眉宇间却流露出稚嫩和紧张。吸引她的正是这种戏剧化的冲突，他令人过目不忘。

K感到羞赧，仿佛她的目光正在解开他的每一粒纽扣，钻到他体内惊讶地窥探。他想起了之前遇到的售票处女士，也是用同样的目光打量他的。

"你看上去很特别。"她轻声感叹道。

K感到手足无措，不知该说些什么。

"你看上去的确很特别。"她又重复了一遍。她的声音偏低，音色温润，语调专业而平静，仿佛鉴赏家指认出稀世珍宝，结论毋庸置疑。"你是学舞蹈的？"

K摇摇头。

"但你有一双芭蕾舞男演员才有的手。"

这赞誉使K立刻抛开了心中的疑惑。他微微鞠躬对摄影师表示感谢，不但因为被赋予了崇高的舞者身份，更是因为她对他男子气概的肯定。

摄影师良好的职业素养就在此时体现出来，她没流露出任何惊讶的神色，仿佛那句试探性的恭维完全发自内心。

"是否介意透露年龄？"她问。

"二十六岁。"K耸耸肩，他知道她不会相信。

她再次倾斜身子打量他，仿佛刚刚错过了能证明他年龄的重要证据。直到对方不好意思地把脸扭向一侧，她才礼貌地奉上一张名片。

"如果你愿意，可以考虑做我的模特吗？"

K听出这句话里莫名其妙的似曾相识。他几乎立刻从杂乱的思绪中找到线索：就在不久前，乐迷姑娘正是用同样的口吻向他发出邀请的。而两位姑娘邀请的动机也必定一致——她们都认定他不同寻常。尽管那到底是什么十分可疑，但有一点清晰可辨：她们看上的是他的同一种特质。想到这，插着毒箭的伤口再次隐隐作痛，不难发现，人生丛林中的答案太少，而避之不及的选择利刃却比荆棘还多。

当天的整个夜晚，抹在箭头的毒液迅速在他体内扩散，使他在痛苦中长久地叹气。当然不能同意。他坚决地想。名义上的婚姻自不必说，那一听就是圈套。而如果有人把他当成模特，一定是因为看透了他怪胎的本质。但挂满画廊墙面的那些冒牌"变形记"竟然就在夜幕的笼罩中复活了，而他第一次凭借回忆，捕捉到作品中古灵精怪的天赋。他从床上爬起来站在镜子前。此刻，镜中的人似乎和白天判若两人，花生米已经完全被黑暗吞噬了，喉结和胡须也仿佛被一同吞噬，只有呼吸在漆黑中缓缓起伏。他当真像痛苦的白天鹅一样挥舞起被赞叹过的芭蕾舞演员的手，双臂在胸前交叉着互相越过，并立即为呈现在假想镜头中的逼真效果感慨万分。他又手脚并用地摆出一些时髦造型，微妙地调整着表情和姿势，直到为每个动作寻找到最为协调的角度，才筋疲力尽地重新躺回床上。伤感再度袭来，因为他记起来这双手是为钢琴而生，除了演奏，他再无其他技能。他又泄气了，并承认刚才所有的亢奋完全出于胡思乱想。他就这样在意志和渴望的相互厮杀中忍受煎熬，直到清晨来临时，他看着渐白的天空，疲惫地承认他其实别无选择。他终于强忍着疼痛把毒箭从胸中连根拔起，拨通了摄影师的电话。他告诉她，只要保证拍摄的成果在发表前经他同意，他就愿意做她的模特。

她温和地答应了。挂掉电话，她意识到自己总算找到了新的缪斯。

2.

K像极了父亲。即使父子二人都不承认这点，即使他们体貌特征中的绝大部分的确不太一样，尤其是父亲身材健美，儿子弱不禁风，别人也永远能从儿子深邃的眼窝中见证父亲基因的强大。据说，这鲜见的异域风情来自家族中的西洋血统——父亲的祖母是位美艳动人的俄罗斯妇人。但无论父亲还是儿子，都只在一张又小又皱的照片里见过这位和他们的眼睛如出一辙的外国前辈。

但父亲越来越反感听到别人说儿子像他这种话了，对他来说，那已经不再是善意的恭维，而是赤裸裸的污蔑，狡猾阴险的奚落。当然，他从前可不这样想。在儿子小时候，尽管人人都同意儿子像他，为了博得大家更加直观的联想，他甚至会下意识地模仿儿子的动作表情，不分场合地像孩子那样挤眉弄眼和同事开玩笑。当然，这个游戏的发明者不是他，而是他天才的儿子！父亲永远忘不了那个可爱的婴儿像照镜子一样学他拍手眨眼的动作，而那些时刻绝对能证明儿子像他是种出于自愿的本能。但父亲现在不愿提起那段往事，因为他发自内心地认为，儿子早已变成和他毫不相像的另一个人。就算他的基因还是原来那套，更深层的原因却导致了他相貌的完全改变：儿子极度缺少男子气概。简而言之，K 是个孬种，而父亲不是。

就在昨天，硬汉父亲为了孬种儿子和别人打架了，这是他几十年人生中最不理智的一场战斗。此刻他躺在床上，像个败阵的残兵，在浑身腰疼中悲伤地意识到，他老了，他的人生注定以失败告终。而那个揍他的人，将把他的名字从朋友一栏彻底抹去，并得意地为他贴上小丑的标签。但最让他伤心的是，这个标签并不是因为他没躲过那记有力的拳头而特此颁发的。它一直刺在他的胸前，只是在暴力下被粗鲁地揭开罢了。

　　事故源于一场由父母们出面组织的相亲活动。轮到拳王为他的女儿提亲了。他的姿态如此谦卑，以至于谁都以为他的女儿是位惨遭市场淘汰的老姑娘。但当他向众人展示女儿的照片时，大家发现他们都想错了。姑娘虽然骨瘦如柴，但一看便是青春年少，小鸟依人。人们顿时来了精神，仿佛突然发现商品促销似的把拳王团团围住，拼命抢他手中印着联系方式的纸条。在混乱中，那些具有短跑战将冲刺素质的老人挤到了最前面，为了能抢到为数不多、几乎濒临灭绝的几张纸条，他们的奥林匹克精神被完全激发出来。此刻，他们甚至不惜以故意推搡的方式扰乱竞争，通过制造混乱让奖牌至少不落在敌人手里。而那些耐力虽强但爆发力不够的马拉松选手被毫不留情地甩到了最后。他们大声抱怨着赛制不公，强烈要求裁判员赶紧吹哨。而在他们终于意识到这些呼声甚至无法传到裁判耳朵里时，气喘吁吁的愤怒升华为哀怨的感慨：他们是社会秩序的维护者，正是由于他们坚持原则，在每个减价的节日里，那些长达几公里的购物队伍才得以保持得井然有序。而相比于令人难忘的通宵达旦排队买烤鸡的静谧夜晚,此时的场景有多么原始而野蛮。父亲站在圈子的最外围冷眼观看。他不属于他们,他是体面的,文明的,绝不贪小便宜的,能用英语和外国人做简单交流的退休医生。等到乱子过去,他将像个真正的绅士向对方推荐自己的儿子。

轮到他了。父亲彬彬有礼地走到拳王面前,为他献上儿子的照片。父亲本打算就儿子过人的音乐天赋称赞几句,但他想到这并不是对方看中的特质。刚才拳王诚恳地说,只要男孩儿不嫌弃女儿瘦,别的都可以谈。那么他手中的照片恰好能回答这个问题,因为谁都看得出,两个体瘦的男女看起来多么般配。

拳王并没有看父亲手中的照片。事实上,他甚至扭过脸去。但很快他又转回头,冷冷地对父亲说:"您就别捣乱了。"

父亲惊愕地望着他,但立刻,他意识到是对方没认出他来。曾经,他给这位有零星可能当选未来亲家的家伙听过心肺,并因此应被称为"医生先生"。父亲当即表现出不拘小节的气度,委婉地问候对方肺炎是不是好些了,肺活量是不是正常了。在确认他的记忆已经完全恢复之后,父亲再次把照片拿出来递了过去。

"您就别捣乱了。"拳王急了,他一边反向掰手指一边说,"您自己心里清楚,您家的情况大家也都知道。"

显然，父亲并不清楚大家知道了什么。

"我女儿再差劲，也不至于嫁给同性恋做老婆。"

父亲当即揪住了对方的衣领。我儿子不是同性恋！他嘶吼着抗议道。但很快，他像要被气浪掀翻的身体就被蜂拥而至的一伙人拉扯住了。这些刚才还为抢夺拳王手中的纸条争得不可开交的家长们两股汇作一股，把他们曾经完全敌对的立场和一触即发的惊天仇恨抛在脑后，争先恐后地向全世界发表他们统一而开明的观点：同性恋不要紧的，我们都理解你的心情，人生本来就有痛苦但也有很多美好的方面，做父母的只能尽量把这种事看开。

父亲并没听进去他们咒语般的劝诫，比起这些不断灌进耳朵的陈词滥调，他注意到劝客们的脸上竟然都挂着笑，而环顾四周，他才发现自己早已被一个由笑脸组成的圆圈自发包围住了。这些像传染病般出奇一致的表情让父亲不得不回味起拳王那句道破天机的话："您家的情况大家也都知道"，而他这才明白看客们如此高兴完全是因为他们自以为对一桩被污蔑的罪行心知肚明。为了撕下这些笑的面具，父亲呐喊着摆脱束缚和拳王展开了搏斗。这是一场事关荣誉的战斗，拳王为捍卫女儿的尊严，冒着肺泡爆裂的危险向这个异端分子重拳出击。而父亲拼命还击，他要维护的是自己一尘不染的名誉。在那记直捣胸口的重拳后，父亲终于气喘吁吁地败下阵来，他瘫坐在地上，看不出生活还有任何希望。他，不是同性恋的父亲。他从没做错什么，为何受到这种残忍的惩罚。

3.

此时，一束阳光拨开暗红色的法兰绒窗帘照在K的脸上，并正巧在他眼睑的位置形成一道投影。他有些睁不开眼，刚要躲开这束光，却被米亚严肃地制止。他只好强行忍住，仿佛挂在她胸前的那只家伙并非佳能长焦相机，而是架名副其实的大炮。

她眉头微皱，像老花眼似的把眼睛眯成窄缝，拇指和十指呈九十度张开，摆成长方形在空中反复比画。对她来说，用手指搭建方框并不比透过镜头取景更加准确。但只有这个临时的框架，能允许她在同一时空从被选定的画面和被排除的场景间自由切换。此刻，当她的双手移动到靠近窗户的时候，一个由玻璃反射形成的光斑端正地落在她的指节，像极了一枚钻石戒指。

"现在光线正好，是时候拍那组镜头了。"米亚端详着她的新戒指，镇定地说。

这句话让K感到虚弱。他垂下手臂，舔了舔嘴唇。

他当下配合米亚拍摄的，是名为"决定性瞬间"的新作。在她的设想里，这个系列将为纪念摄影大师卡蒂埃·布列松，用黑白的色调和明确的镜头，表达大师的同名理论在现代社会的演变。早在拍摄"变形记"时,她就在为这一新作进行演练了。但直到发现K,她知道,他正是应当出现在镜头中的主角。

而"那组镜头",作为整个系列的高潮,将通过微距抓拍的手法,以赤裸的人物形象为焦点制造画面张力。在这段拍摄中,摄影师将成为模特身体的总指挥,她需要像了解交响乐队中的每样乐器那样掌握对方的肌肉形态、身体线条,疤痕的特征,呼吸的节奏。之后,她将负责在特定的场景调动起这些乐器的全部潜力,并凭借她敏锐的直觉,从演奏中捕捉最佳音色。

事实上,他们的合作之初进展缓慢。起初,K并不适应面对镜头,他扭捏,抗拒摄影师频繁的发号施令,无缘无故发脾气,因为她总在他措手不及时按下快门。但毋庸置疑的是,他的镜头感出众,就算头脑中空白一片,那双会说话的眼睛也总充盈着饱满并令人心疼的神采。渐渐地,当K陆续看到一些作品小样时,他被一种完全陌生的美触动了。在这些黑白照片中,尽管作品过滤了所有明快的色彩,却通过保留强烈的阴影关系为他增添了感人的神秘气质。而最出乎意料的是,当他仅仅由于害怕镜头而躲闪时,被捕捉到的目光却像个婴儿一样纯洁;当他由于疲惫而精神萎靡时,照片中那位主角却像个牧师一样虔诚而沉静。

米亚就是在这时,轻描淡写地把关于"那组镜头"的想法讲给了K听。当她看到K露出混杂着惊讶、尴尬、矛盾以及惊恐的表情时，她并不吃惊。对于任何人，哪怕是专业模特，裸体拍摄都是对心灵的负重考验。但她相信K能战胜胆怯，她还记得他在画廊中刚接到她的邀约时表现出的颤栗和落荒而逃——最大的心理障碍早就被他克服了。她向对方保证，这组拍摄绝不是为了挑逗，而道德负担也不存在，因为模特可以穿着游泳短裤完成拍摄，并且最终的图像也将只会涉及局部身体的裸露，但对方似乎并未被这优厚条件打动。接下来的几天，他们谁都没再提这事，仿佛计划被一阵狂风吹跑了似的。所以这天，当米亚戴着由曲折的阳光套在她手指上的钻戒，提醒K是时候拍摄那组镜头时，她当然不是真的非要抓住这束阳光。作为一名经验丰富的摄影师，她体内的时钟告诉她，是时候了。面前这位腼腆的、情绪复杂的缪斯，他需要被鞭策，需要接受严肃的通牒。

4.

父亲被重拳打出了心病，他为自己最终像女人一样坐在地上哀嚎的结局感到羞愧。躺在床上，他诅咒拳王肺炎复发，并衷心祝愿他那个瘦骨嶙峋的女儿孤老终生。

但不得不说，拳王的话让他乱了方寸，因为他听出一种不可思议却完全合理的可能性。这种感受，和他在当年的一次出诊中,听到从患者胸腔传来的如漏洞风箱的隆隆声时如出一辙。那时他便料到,患者所有的痛苦并非出自感染,而不过是源于曾经不慎吞食的硬物,而事实证明那的确是枚枣核。此刻,在风平浪静之后,父亲披上福尔摩斯的外套,把一件件物证摆在合理性的显微镜下检验。他惊讶地发现,这个叫作"同性恋"的术语简直能解释一切。散发着尼龙丝袜味的娘娘腔和男子气概的严重缺失自不必说——他夹着腿走路,弯腰时屁股翘得老高,胆小到连蟑螂都怕,缺乏战斗精神的软骨头样子简直是对父亲最大的折磨。说到软骨头,父亲想起他曾和十几岁的儿子掰手腕时听到他的关节咯吱作响,并激动地把那认作是硬汉才具备的威猛风范,但还没等他发力,整场比赛就以儿子轻度骨折告终——可悲的是谁能料到,儿子的精神竟然比他的骨头还要脆弱呢!除此之外,儿子从未有过女朋友,却只承认对一位不着边际的外国女钢琴家情有独钟,不是因为不开窍,而是他掩盖罪行的潦草做法。儿子在幼年时还是游泳健将,但在成年后便严词拒绝一切水上活动,当然不是像他说的兴趣转移,而仅仅是心里有鬼罢了。最后,父亲记起了儿子小时候那注极具动物性的小便。他这才悲哀地意识到,迄今为止,那竟是儿子像个真正的男人的唯一佐证。

  父亲安慰自己事情并没有想象的那么糟,但他越这么想就越不得不承认，儿子早就成为他的心病。作为医务工作者，他曾试图从科学的角度理性看待儿子的问题，并在实验室喂养小白鼠时悲痛地看到真相——儿子和胆小怕事、任人宰割的小白鼠毫无二致。而造成这种情况的原因值得每一位家长深思：孩子（特别是儿子）绝不能被圈养在笼子里。如果你坚持这样做，就不要抱怨孩子们的男性雄风像他们的尾椎骨一样融解退化变成废物，因为这将是注定发生的唯一结果。真正的男人不是实验对象，不是被阉割的宠物，而是地地道道的野生动物。尽管在文明社会中他们必须学会遵守制度，但那只是一层高贵的皮草，是未被编入遗传基因的身份伪装。谁都得承认，男人最为珍贵的品质是即使在冰冻三尺的严寒深夜，也能随时从暖床上爬起来，绷紧浑身肌肉，任凭双腿间一副铜铃呼扇作响，不顾一切冲向猎物的狩猎本能。总有一天，他们会向世人展示最昂贵的战利品——他们的儿子，而当这位流淌着他们血液的战利品有朝一日为他们奉上新的战利品时，一个男人才有资格宣称他拥有完整而辉煌的一生。

父亲对他的思想结晶深信不疑，并及时把野生之道贯彻到儿子身上——他不扮演慈父，也拒绝让母亲扮演慈母。但即使这样做效果仍不显著，因为儿子的男子气概似乎未被激发出来。当然，这不能说明他的方法有问题，或许只是疗程还不够长。但拳王突如其来的结论从根本上否定了一切。为儿子冠上"同性恋"的名声肯定不是出于理性的科学分析,而是邪恶的道德污蔑。其背后的潜台词也只有一句:儿子根本不是真正的男人。

不,这个理论太恶毒了。父亲揉搓着脸颊上稀拉的胡茬,他想起了曾经的误诊。在儿子十岁那年,当得知他患上了白血病时,他捧着他苍白的小脸,唯一的想法就是替他受难。而当被万幸地告知是化验数据出了差错,他又切切实实地感受到了重生。但现在,他只觉得自己已经落入了万劫不复的地狱。倘若他的生命还有价值,他愿用它再次为儿子换取一个误诊的机会。但如果这就是上帝为彼时那场误诊找到的替代品,他情愿选择在清白中缅怀生活的沉重。

5.

K感到他的境地正像那枚瞬息万变的阳光钻戒,危险和恐惧在每个切面相互连接。当他上次赤身裸体地面对别人时,"花生米"的取笑声响彻集体浴室。那是在他大学时每隔两周便会上演的"肥皂剧"——天知道这个绰号怎么会从中学校园一路传到这儿来!而作为主角,他不但不敢反抗,反而必须在花样迭出的调戏中忍气吞声。因为只有这样,他们才能在快要岔气的笑声中放弃对他的进一步折磨,而他才得以借助水蒸气的掩护，在笑声结束前迅速逃离现场。

"有谁相信他比我们都大吗？"

"不可能吧！他也太小了……"

"你们在想什么，我说的是年龄，啊哈哈……"

为了摆脱这种梦魇式的嘲笑，他更加拼命地练琴，试图用卓越的后天技能弥补生理上的先天不足。但这显然是场徒劳，当他在电视上看到一只会做电子琴表演的猩猩时就明白了。猩猩每按出一个音，观众便爆发出一阵欢笑，而猩猩的表现越精彩，观众就笑得越厉害。K对这种歇斯底里的笑声格外敏感，在很长一段时间中，他都深信造成自己生理缺陷的根本原因，就是因为在他体内扮演男子气概的那部分肉体早已不幸在被笑的毒素中夭折。

多亏米亚，她邀请他进入了崭新的世界。当然，在迈入这个世界的前夜，K就想到了此刻他将面临的抉择。是艺术还是挑逗？这不是他关心的问题。真正的难题从一开始就摆在面前：是挑战还是圈套？但是他已经不能从头开始考量了，因为他要么已经处于挑战的中途，要么正站在陷阱的边缘。此刻，他真想问问父亲的意见，把拍照的事向他和盘托出，看看他会怎么说。奇怪，他明知道这么做会激怒父亲，他会像听到他提起芭蕾舞几个字一样勃然大怒，然后再次为他冠以混蛋之名。但他就是无法摆脱这股冲动。反正说到底，他不会真付诸行动。倒不是完全出于恐惧，父亲说得对,他缺少男子气概,因此难以执行需要这种能力才能完成的任务。

但即使和炼狱之火相比,他对米亚的责任感也显得更加强烈。K明白,如果没有"那组镜头",她的拍摄将不完整——这不仅是遗憾,而是像他的命运一样的灾难。况且,她反复强调他只不过需要扮演一个符号,一道谜语,或仅仅一件人体道具,因为她看中的不是他的肉体,而是他的精神。

于是在情感击败理智的一天,他屈服了。他背对着她,在暗红色窗帘的遮掩下,扭捏地把套头衫脱下来丢在地上,摘下硕大的手表,客客气气地松开了腰带。尽管他事先请求她回避更衣过程,但仍然,他从背部清晰感到对方偷看的双眼,以及对所见场景的惊讶和失望。他发抖了,温暖的阳光此时像瀑布一样浇在他的背上,使他接连打了一串寒战。当他慢吞吞地把外裤褪到半截时,一股强烈的尿意像流弹般趁他毫无戒备时袭来。他就在这时彻底绝望了。顾不得编出一条像样的理由,他便匆忙拉起裤子,把散落在地上的衣服揉成一团抱在怀里,像个孩子似的溜跑了。

6.

令父亲更为恼火的是,妻子对儿子有可能是同性恋的噩耗完全不屑一顾。在听了他严肃而缜密的分析后，妻子镇定地表态："无论如何，他都是我的儿子。"

问题就出在这儿。父亲绝不能接受自己是同性恋的父亲，而妻子却能心安理得地做任何人的母亲——这正是她的高明之处。她还能心安理得地做任何人的妻子。对于这位收放自如的女性，生活难不倒她，因为她能接得住落在命中的任何角色，无论是海的女儿，还是灰姑娘的婆婆，还是渔夫的妻子，还是睡美人的母亲。只有短视的人才无时无刻和生活计较得失，真正的智者会把眼光放长远，而当他们这么做时就会发现，再没有什么比孤单面对漫漫人生的尽头更为可怕。因此，妻子对生活的唯一要求，就是能有人给她养老。

就像无论以尼泊尔的安纳普尔纳峰为起点还是从印度北部的玛卡山谷出发，最终都能在喜马拉雅顶峰汇合，尽管性格不同，在如何筹备老年生活这点上，这对夫妇的目标却出奇一致。妻子曾把丈夫当作她的银行，但当比她年长十岁的丈夫在她五十二岁之后便停止在共同衰老的道路上陪她并肩漫步，而是远远把她甩在身后时，所有人都明白，假如不出意外，这所银行会在她死前倒闭。

好在父亲是个有担当的人。他是绅士，是会说英文的热门医生，敢作敢当的梦想家，而这些特质足以保证他还是个真正的投资客。在说服妻子明白假如孩子是他们的私有财产，那么他们也一定是孩子的终身财富，不可能被轻易抛弃后，这位老父亲把他的赌注，连同母亲的全部本金，一股脑转存给了他的儿子。有别于忙着在虚构的银行里数钱的妻子，他具有实干精神。因为在他的周密部署下，他们给儿子买下了一套颇为体面的公寓。这就是爱。他对儿子说。养老靠的是爱，不是钱。他对妻子说。只有他自己知道，在这个简单举动的背后，蕴含了多么深刻的经济学原理：要赶在通货膨胀之前把钱兑换成爱。只有这样，当他们真的步入垂暮之年，才能理直气壮地把爱提取出来，连本带息。或者把爱兑换成钱，分期到账。这才是万无一失的养老。

7.

米亚放下唇彩，挑出一件墨绿色的暗花裙子套上。又再次抓起化妆笔沿着鼻翼补了几道高光。出门时，她习惯性地抓起相机，想了想又放下了。

周五晚上十点的棉花俱乐部挤满了人，米亚穿过狭窄昏暗的门厅，费劲挤到舞台附近。就在她的好心情快要被挤碎时，一首动听的爵士乐响起，这首曲子如此清凉，以至于刚刚踏着舞曲节奏挥汗如雨的人们都安静下来。舞台正上方，一盏法式花枝吊灯把这动人的旋律分解，旋转，变成彩带抛撒在诸位身上。刚刚还在举杯豪饮的男人们此刻自觉地放下酒杯，闭嘴闭眼，让醉意在身体里泛滥。而漂亮的女士们无不把她们迷醉的眼神从男伴身上转移到舞台上的演奏者。

比起其他三位乐手，K是这个台上最不起眼的一位。他几乎完全躲在钢琴背后，以至于只有在特定位置才能目睹他的风采。米亚就站在钢琴附近，她惊讶地看着他，并强迫自己相信面前这位神情沉稳的演奏家和那天几乎光着屁股从她的工作室逃跑的缪斯是同一个人。确实是同一位——因为她认出了他穿的黑色印花T恤和磨洞牛仔裤。然后，她又认出了他细长的手指和柔和的脸型。当最后的乐句响起时，一丝浅笑像被微风吹过的麦浪，迅速从他的嘴角掠过。她熟悉这个表情，那是他彻底陷入放松状态的信号。

他出色的表现使米亚意识到自己的计划被打破了。她知道他在酒吧工作，却忘记酒吧除了调酒师，还有乐手这种极富情怀的职位。本来，她希望能通过增进私下交流的方式，化解由"那组镜头"引发的尴尬风波，于是主动提议到他工作的地方小酌。但没想到，交织着脸红、心跳，甚至敬畏的情感，竟然在她心里勾兑出新的尴尬——要知道，她的梦想就是能和一位潇洒的乐手共度良宵。此时，一个装扮风骚的小姑娘扭动着腰肢，旁若无人地迈上舞台，像只顽皮的波斯猫，一会儿跳到贝斯手的大腿上，一会儿蹲上鼓手的肩，一会儿冲着键盘手摇晃臀部，最后挂在萨克斯风手的脖子上转圈，并赢得满堂喝彩。米亚注意到K在这场闹剧中表现镇定，演出节奏一丝不苟，仿佛是在肖邦钢琴大赛现场似的。他的超脱使她立刻担心起自己在他脑海中的印象，并为曾经偷看过他赤裸的后背感到羞愧。但也正是那个场景让她印象深刻。她从未见过一个修长成熟的男人像个孩子一样稚嫩瘦弱，而每当想起他那两块像小鱼一样滑溜乱窜的肩胛骨，她就会手心冒汗地想要去抓住它们。此刻，场上只剩下鼓手在独自表演，而她已经分不清自己听到的是鼓点还是心跳，因为K看到了她，并微笑着从琴凳上站起，向她走了过来。

K丝毫没看出米亚的异常。正相反，他还在因为"那组镜头"的事感到不好意思。两人找了个相对安静的角落挨在一起并肩坐定后，K简单向她介绍了这所酒吧，并告诉她台上的四个人都是棉花乐队成员，尽管他们长期搭档，但各位成员的水平良莠不齐，个性也还难以磨合。刚才演出的曲目是改编自迈尔斯·戴维斯的作品。他还说，自己更擅长古典曲目，比如贝多芬、舒伯特。他说完这些，便陷入了干巴巴的沉默，仿佛话题之河枯竭，剩下的时间只能靠啤酒消磨。

的确，他们聊过的话题如此贫瘠。在过去的拍摄中，K很少说话，而米亚也不喜欢在工作途中闲扯。本来，在听他提起贝多芬时，她想到可以和他讲讲布列松、马克·吕布，可她马上意识到这么做不合时宜。邻座的年轻女子正在向男人撒娇，她叼起一根发蔫的薯条在唇边晃悠，直到男人扑过去把另一端咬到自己嘴里。不远处的老夫少妻面色平和,少妇高耸的胸脯似乎比大理石还要坚硬,但当她忠心耿耿地为丈夫拾起不慎掉落的眼镜时,那对岿然的石头却像果冻般左右乱颤。透过 K 的肩膀,米亚看到正趴在吧台边上撅着屁股的一对儿,是萨克斯手和风骚小姑娘。此刻,萨克斯手青筋乍现的脖子被小姑娘紧紧勾住,指节粗大的手揽住她纤细的腰,宽阔的肩膀向后仰,而脖子却向前探伸,只为让厚嘴唇在那张嘟起的小嘴上甜腻地打滚。忘情之时,他的肩膀和臀部也都情不自禁地扭动,仿佛挂在他脖子上的不是生龙活虎的小姑娘,而依旧是那件金灿灿的铜管乐器。

"他们是男女朋友?"米亚向 K 示意正纠缠在一起的那对儿。由于终于找到了合适的话题,她的心跳从莫名其妙的加速中恢复正常。

"看样子是的。"K 掏出一支烟,并询问摄影师是否也要,但被她谢绝了。不知从何时起,他养成了演出结束后马上来一支的习惯,这个行为本身并没什么独特含义,但就像有些人不宣布情侣关系就无法接吻一样,如果不吸烟,他就会感到演出不那么完整。为此,他甚至克服了从未适应过的烟草呛味儿,并学会把废气变成变化多端的圆圈自如吞吐。

"你有女朋友吗?"米亚带着复杂的情绪继续问,她好奇地注视他抽烟的动作,并本能地希望他的答案是否定的。

"没有。"K摇摇头。

"也没有喜欢的人?"

"没有——如果玛塔·阿格里奇不算在内的话。"

"谁?"

"一位女钢琴家。"

米亚惊讶地看着他。"从没谈过恋爱?"

"没有。"K艰涩地回答,夹着烟的修长手指狠狠地在鼻翼来回揉搓,并为此让一截烟灰落在身上。为了避免陷入无可辩解的境地,他不得不对过去完全抵赖。他厌恶这个谎言,并为必须对过去的背叛感到难过。

米亚陷入思考,眼前再次浮现出他的肩胛骨。她想在这时做一个重大的决定,但环境如此嘈杂,她不能探到内心。那对儿吻在一起的情侣此刻已回归平静,嘴唇贴在彼此的额头与脸颊上。

"所以,你从来没有像他们那样过?"

K不确定她指的是什么。

"接吻。你接过吻么?"

K瞪着她,一种窘迫的憋闷感爬上全身。

米亚凝视着他的双眼,突然觉得好笑。他看起来是那样惊恐,和刚才在台上忘我演奏的钢琴师判若两人。但她又笑不出来,因为他的目光如此无辜,和他们初次见面时一模一样。

在双方分别沉默地喝下一大口啤酒后,米亚欠起身,像要递上一条手帕,却把她发胀的双唇按到了K干涩的唇上,并长久地、安静地落在那里。她不确定自己为什么要这样做,也完全没规划好这会是个一次性的吻还是长篇史诗的序言,毕竟,她要承担起被他铭记终生的风险。他嘴角残留的烟草味和啤酒花味令她振奋,因为这和想象中的音乐人形象完全吻合,但她并不敢忘情发挥,因为在她唇边的那个人只挣扎了一下,便像只被捕获的昆虫,四脚僵硬纹丝不动,显然忘记用鼻子也能呼吸,即使稍作挣扎就能逃脱。在米亚繁多的接吻经历中,这种感觉还是头一遭出现——如此亲密的接触并未使她向接近对方迈出实质性的一步,却反而让他们像是倒退回彼此陌生的起点。但无论如何,她并不后悔这个把握当下的热烈举动,毕竟,再没有谁能比这位腼腆单薄却与众不同的男孩儿更需要得到锻炼,而她很乐意为他的羸弱之躯注入新鲜的勇气。

8.

父亲几乎是在热切地期待楼道里响起儿子的脚步声。为了使接下来的隆重会晤不至于过于死板,他特地换上了那件名牌礼服——领口内侧商标上绣有一只扎着领结的兔子和本应是PLAYBOY,却被错印成PLAYSOY的暗红格子高档毛衣。这件衣服是一位病人康复后执意赠送的礼物,由于特别标有美国制造而令父亲倍加珍惜。此刻,为了消解掉一部分紧张情绪,他像头被囚禁的狮子一样在客厅里走来走去。自从儿子找到在俱乐部演奏的工作,他便离开家,搬进了由他担任股东的公寓。妻子曾在很长时间内因无法适应缺少儿子的生活而神经衰弱,但父亲则坚持认为让儿子尽早离开母亲的庇护,会有助于帮他克服掉娘娘腔的坏毛病。当然,他已经后悔了。生活总叫人意想不到,谁也无法冒充先知,而真正的厄运是无法仅凭才华就能避免的。

当母亲做好了苹果派,父亲做好了安检的准备时,儿子敲门了。父亲开始扫描,他的视线滋滋作响,锐利的警报声从儿子柔顺的长发被扫到时就响了起来,一连持续到扎在他左耳上的耳钉,并在扫到灰色毛衣的深V领口四周时达到高潮。最后接受扫描的是那条迷彩瘦腿裤,而此时,警报声已不足以证明危险,因为焦躁的警犬也开始狂吠。扫描完毕,此人应立刻被带到审讯室接受审查。

事实上,这才刚轮到在父亲脑海中排练的开始。作为一名医生,父亲深知名医和庸医的区别在于,庸医往往只会按医书指南验证最典型的症状,而高明的医生决不允许自己把目光片面地停留在书本上——他们更注重寻找特例,因为真理往往在意外的伴随下降临。正是因为保有观察特例的习惯,父亲凭借那阵发自胸腔的轰隆得出拳王肺里有枣核的判断，还曾仅仅因为对几颗不寻常的痣的怀疑而提前制止了一场致命的癌变。此刻，面对最棘手的案情，父亲打算重新启用他最擅长的方式。唯一不同以往的是，用不着他用放大镜寻找线索，因为他熟悉那个特例的位置——就在他的鼻子上。自从儿子会撒谎时起，他就养成了必须摸着鼻翼说谎的习惯。那么今晚，机智的父亲打算利用这个特例反推假设。而无论假设是否成立，他都将对结果深信不疑。

在把刚进门时那套仪式化的寒暄又加倍重复几遍后，三人便发现他们都已词穷，无法再找到合适的话题。母亲试图驱散在空气中迅速扩散的尴尬迷雾，她起身向两位男士推销起刚出炉的苹果派，满心希望这可口的甜点能调动出大家真实的笑容，但她的热情马上被儿子一句话浇灭了。儿子提醒她，他不吃苹果，无论是苹果酱、苹果泥、根本没有苹果的苹果口味汽水还是苹果派，他碰都不想碰。

母亲委屈地抱怨，他小时候并没有这类挑食的毛病。但儿子委婉地回敬母亲道："人总是会变的。我小时候有很多不爱吃的食物，只是您忘记了而已。"

母亲赌气地绷住脸，父亲却对上述对话深感意外——他已经很久没听过乖顺的儿子顶撞他们了。虽然他的语气绵软无力，却无法模糊其中跃跃欲试的战斗火苗，而那是一个卓越男人的必要素质。

"我们听说,"父亲干咳了几声,"你最近交了朋友?"

"什么?"儿子皱了皱眉头。

"是不是谈恋爱了?"

"没有,你们听谁说的?"

"没关系的,要是恋爱了就告诉我们,别难为情。"母亲忍不住帮父亲打圆场。但这句话一出,空气便再次稀薄起来。

儿子听出他们话有所指,并理所当然想到了那位乐迷姑娘。他已经有一阵子没见过她了,但她恳请他思考的问题却依然令人生畏。无论如何,他决定既不向父母提及这件事,也不向他们请教名义婚姻是不是在他们的承受范围,而是再次严肃地否认了关于恋爱的传闻。

"但是,你为什么不谈恋爱?你已经二十六岁了!"父亲用令他自己都陌生的关切口吻问儿子。

"我还不着急呢。"

"可是我们很着急啊!你不觉得用这种话对付你的父母很自私吗?你想让我们等到什么时候才能抱上……"父亲浑身的血液沸腾着冲上云霄,他站起身反复踱着步子,直到从鼻孔中有力冒出的不是怒气,而是宽宏大量的粗气,才重新返回到沙发上坐好,再次恢复了冷静沉着的态度说道:

"我们认为,如果你在感情上出现任何问题都应当告诉我们。"

"可是并没有什么问题。"

"你是真不明白吗？你所说的没有问题在我们看来就是最大的问题。"

儿子默不作声。

"我们总在为你操心这些事，还反复问你，你会不会很反感？"

"不会的。"儿子淡然地说，他的脸偏向一边，手指情不自禁地刮了刮鼻翼。

父亲立刻捕捉到这个小动作，在欣喜地发现"特例"特征仍然有效后，他向母亲示意先回避一下，直到她端着苹果派走出房间并把门关上，他才继续说道："有一个问题，出于关心你的角度，需要你照实回答。你是不是……"

儿子疑惑地注视着他，凹进眼眶的眼睛的确和他很像。

父亲说不下去了。在沉默中，他明白那三个字就像卡在肺里的枣核，将永远无法被用力咳出。他决定换一种审问方式。他想了想，使劲清着喉咙，却依然声音含混地问：

"你有没有过……"他故意留出一段供对方意会的时间。

"您指的是？"

"你应该明白我说的意思。你是不是已经？有没有过？就是，和姑娘，那个？"父亲反复调整着坐姿，试图通过挤压身体顺便把这句话中的关键词一道挤出来。

事实上，那个词就在他微微颤抖的指尖蹦跳，在他痛苦焦灼的目光中反射，还在他干涩的喉咙底部像口浓痰似的翻滚雀跃。天啊，父亲是多么想直接说出"上床"二字，就像他晚上九点过后放下手中的报纸和妻子说起它时一样轻松。但他就是做不到，因为显然，在当前的语境下，"上床"一词太轻浮了。可是，难道换成"做爱"这种较为正式的说法会好些吗？更不行，这个过于冠冕堂皇的词汇把简单客观的动物行为渲染得像是宫廷把戏，以至于父亲虽然在行医生涯中借用过无数术语，却似乎唯独没用到过这个。稍等，那个既能用于临床也能用在卧室，既能描述小白鼠也能描述一流猛兽的词是什么？对，交配！就是这个词，就是这个意思，再没有能比它更加包罗万象地准确表达了，无论是他自己还是面前这位乖儿子都是交配行为下的产物！但是父亲嘴里衔着这枚语言的金钥匙，却竟在开锁的一刹那强行把它咽进肚子里，因为他遗憾地发现这个近乎完美的词却沾染了被父子关系排斥的弊病，由于过分直白而少了点儿抽象感人的修养腔调。在浩瀚的语言宝库中，竟然无法找到一个像样的词能让这么个简单意图迅速而准确地得到表达，使父亲感到自己像个矫情的病人，真要对人类文明彻底绝望了。现在，这几个字眼和"同性恋"一起被卡在了肺里，吞吐无门，害得父亲连连干咳不已。

好在儿子似乎对他的话心领神会。"没有。"他肯定地回答。

"但你知道我指的是什么吧?"

"是的父亲,没有。"

父亲狐疑地盯着他看了一会儿,直到他确信儿子镇定的脸上没出现任何小动作,双手平摊在静止的膝盖上,没有任何要举起来摩擦鼻翼的迹象,才认定那双和他相似的眼中流露出的真诚目光足以值得信赖。父亲总算松了口气,他仰倒在沙发上,浑身绷紧的肌肉像刚被松绑似的完全耷拉下来,并未过分发福的腹部挤出几圈有派头的年轮,把原本贴身的格子毛衣分成几段夹在肚皮的褶皱里。

"真的没有?"

"真的没有。"

"从未有过?"

"从未有过。"

父亲终于响亮地拍着大腿,嗓音也一道洪亮如初。"好了,我们去吃晚饭吧。"他撑着沙发站起身,并在瞬间恢复了雄狮的神采,"哦对了,你应当去把这流里流气的头发剪短。"

9.

K 从未体验过这种感觉:当米亚的嘴唇递上来时,他感到有种力量从他的鼻腔钻进了肺叶。这让他想起曾经在山谷露营的夜晚，躺在璀璨的银河下，一股神秘的气息迎面袭来，他立刻躲开了。事实证明，那气息与令人眩晕的宇宙毫无关联，而是来自一条淌着口水的野蛇。

但这次不同，因为那力量像只顽皮的幽灵般迅速而轻盈，只可能是毒气，他悲哀地想着那条蛇，徒劳地等待毒素扩散到血液，沿着动脉将他那颗并不坚强的心脏彻底麻痹，但他安然无恙地活过了这个吻。不仅如此，当他在接下来的几天乃至两周后都被迫重温了相同的体验，且依然侥幸从这个不见踪影的恶作剧中存活下来时，他学会镇定，并确信整场事件并非是自己因癔症而发了疯，而必然事出有因。为了探求真相，他把这个体验告诉了米亚，但她当即双颊绯红，"这是爱情的味道。"她说。

K豁然开朗，蛇终于溜走了，爱情像支香烟在脑海中点燃。随着烟圈的氤氲，这两个迄今为止仅有的能穿过鼻息窜入肺叶的隐形之物形成了鲜明反差，比起呛人的烟气，爱情的味道就像舒缓的舒伯特小夜曲般令人陶醉，而这恰好符合人们对它的幻想——爱情的本质是一缕插着翅膀的芳香。

沐浴在爱的柔风里，K就像见证了神迹的信徒，全心投入一种被赐福的喜悦状态中。快乐让他的胆子大了起来，有一次，他趁米亚调试相机时，悄悄从背后把鼻子埋到她的头发里，试图贪婪地把那些隐形的爱情香粉装入肺中，任由一阵阵轻微的颤抖掠过全身。

但时间久了他便发现，"爱情的味道"是种极易挥发的化学物质，时而浓烈时而微弱，有时甚至连续一周深藏不露。K 的信念动摇了。他想起了十多年前，他被胡子贴脸，没有任何特殊的气味被吸入肺中。除此之外，他也并未在任何与爱情擦肩而过的瞬间感受过这种力量。这些疑惑使他再次回到原点，陷入对毒气阴谋的恐惧，以至于一个午后，当米亚发现他坐着睡着了，准备用一个清凉的吻唤醒他时，他却在睡梦中嗅到那不祥的气味，条件反射般从椅子上跳了起来。

"别碰我！"他尖叫着，情不自禁地把手指掰得像冰雹砸落般乱响。

米亚为他的反应感到惊讶，因为他曾如此痴迷于他们的接吻游戏。

"我受不了那味道。"K 嘟囔道。

米亚感到难为情，但她从他眼中看到的不是厌恶，而是难以名状的惊恐不安。

"爱情的味道，你也能在我身上闻到么？"K 严肃地问。

这个问题完全出乎米亚意料，她感到混乱，搞不清对方是把这个比喻当了真还是在开玩笑。犹豫不决中，她决定沿用半真半假的方式回答。

"不能，只有陷入爱情的一方才有可能散发出爱情的气息。"

K被这句话中混乱的逻辑困住了:"可为什么它有时会消失,有时又非常强烈?"

"这才是爱情的本质。"米亚回答。

"我不信!"K用力嚷道,"你凭什么喜欢我呢?怎么会有人喜欢我这种怪人呢!"

"怪人?你当然不是怪人!"

"那我是什么?"

"你只是很特别罢了,"她伸出手抚摸着他的脸颊,"而我恰好能欣赏到这一点。"

就算K依然对爱情的定义没有把握,这也毫不影响他为摄影师的这句肺腑之言感激涕零,并为自己总算为众多怀疑找到合理的解释而如释重负。当然,一个令他沮丧的结论也随之诞生:他从未得到过真正的爱。不仅如此,除了米亚,他也从未得到过任何人的爱。K觉得自己快要被孤独淹没了,唯一幸运的是,他手里还抓着一株救命稻草。

半年后,当K被告知他患有先天性嗅觉缺失时,震惊中,他想起了那个幽灵般的气息。尽管那位白衣天使一再解释他的鼻腔中缺少一组叫作犁鼻器的组织,因此不可能嗅到任何气味,他还是选择放弃争辩,把那段私密的经历藏在心里。无论是谬误还是真相,他都愿相信它确实存在过,因为这股气味曾如此强烈地袭击了他,让他在死而复生的狂喜中结识了爱情,并是他的嗅觉确实存在过的唯一证据。

10.

父亲又收到这张卡片了。二十六年来,每当圣诞节的彩灯挂满树枝时,一张精美简洁的明信片就会像迁徙的黑尾鸥,准时从大洋彼岸飞进他的信箱。为了确保它着陆时绝对安全,父亲从不在此期间外出。他甚至也绝不会同意搬家,因为让这只美丽的水鸟重新寻找新的彼岸显然是件冒险的事。

卡片来自美国马里兰州,约翰·霍普金斯大学医院。父亲洗干净手,泡好咖啡,打开空调,让室温加热到恰好像是生了壁炉,然后戴上眼镜,拉开窗帘,让自己老化的身体陷入摆在窗边的单人沙发椅中,虔诚地捧起这张纸端详。卡片正面印着一座古典主义风格的红褐色砖石建筑,在其顶部,三角形的屋檐形式错综复杂,而无论从哪个角度拍摄,耸立于最高处的黑灰色圆形穹顶都赋予了这座建筑威严的城堡气质。通过从前的卡片,父亲知道成群的野鸭会在夏天结伴路过这道风景,皑皑白雪会在冬天使整个校园徒生孤独,但却对发生在那座穹顶下的一切一无所知。在父亲的想象中,穹顶下方应当是图书馆,上万册医科名著和众多标本整齐地沿着环形布置。乔治·盖伊博士关于不死的海拉细胞的珍贵资料一定正长眠于此,而第一位提出在低温条件下实施心内直视手术设想的威尔弗雷德·比洛奇也必定曾在这里迸发出创新的激情。

卡片的背面,一如既往,用罗马体印着感谢捐款、恭贺新年之类的客套话,落款是"约翰·霍普金斯大学医院",最下方印有院长潦草而气派的手写体签名。在最初那几年里,当正文内容还得用打字机敲出来时,签名都是由院长本人亲笔题写的。虽然父亲从未顺利辨认出这个签名,但它丝毫不影响他对这些好人的感激之心。此刻,他不厌其烦地反复阅读那几行英文,并从浸透纸背的油墨香气中找到只有在面对纯洁少女的新婚之夜才能体会到的激动和安宁。当然,他也会不可避免地想象自己在那城堡的穹顶下读书的情景,而感叹正由此而生,因为他本该如此。

父亲能收到这些信件,完全是因为他曾拒绝了这家医院的邀请。二十七年前,出类拔萃、新婚燕尔的父亲被提名去约翰·霍普金斯大学医院做交换实习医生。谁都知道,那是全世界心脏外科的发源地,是全世界最好的医院之一。但就在他要抓住这个职业生涯中千载难逢的机会时,妻子怀孕了。这简直是场意外事故,不可思议,因为父亲在那个夜晚明明采取了严密的防范措施。事实上,当他和妻子缠绵时,就怀有浓郁的悲壮情绪,因为他已经做好了赴美的准备,而这也意味着和妻子的长期分离。

父亲必须做出选择了,是抓住机会还是承担过错。他对抓住机会的渴望如此强烈,完全不亚于妻子坚持让他承担过错的决心。最终,一位接生过上千个婴儿的妇产科医生朋友替他找到了答案。"肚子这么圆,"她说,"以我的经验判断,肯定是个男孩儿。"父亲就在这掷地有声的预言中做出决定,他将安安稳稳地守候在妻子身旁,隆重迎接儿子的降生,因为再没有任何事情比一个带把儿的生命更加重要。至于不幸夭折的约翰·霍普金斯大学医院之梦,为了寄托哀思,父亲委托那位最终得到进修资格的幸运儿向医院递交了他发自内心贡献的一百美元捐款。旷日持久的思想斗争就这么落幕了,而从此,被列在医院恩人名单中的父亲,会定期获得一张漂亮的卡片。那上面用罗马体印着他的姓名,却并没有他存在过的烙印,因为它来自他从未去过,也永不能再去的城堡。

11.

一直以来,米亚相信关于气味的一切都只是自己的错觉,是她在最深的内心潜伏的梦。可难道一切都是真实的?

当K拐弯抹角地向她暗示"一种奇怪的力量"时,她浑身流淌的血液简直要激动得逆向奔跑了。在从十三岁到现在的又一个十三年里,她每每在能感受到那阵松木般香气的时候问自己,这究竟是幻觉还是真相?为什么从没有第二个人能向她证实这气味存在,包括自己的母亲？可无论如何，这独特的气味没有一天离开过她。它会在生理期时变得格外强烈，也会在剧烈运动后几乎消失得无影无踪。然而她知道它就在那里，只要她用心召唤，它就会重新充满她的身体。

可她该如何向他解释呢？就算她把连自己也无法理解的事情原委和盘托出，恐怕也只会给他以不可靠的坏印象，而这种结果是她要竭力避免的。在想尽各种措辞后，她决定采用诙谐的方式做出回应——爱情的味道由此产生。但令她深感疑惑的是，他似乎并未领会这只是隐喻，而是心安理得地完全接受了这种说辞。

米亚意识到自己独特的气味始于十三岁那年夏天。那天晚上，她像往常一样走进浴室，蹲在淋浴喷头下小便。这是个她保留至今的秘密习惯，当尿液冒着热气和腥味从她的膀胱出发，最终弯弯曲曲地被目送着从双腿间流逝时，她忘记了自己是文明社会的一员，并感到生命的本质不过是用尿液宣布主权的动物。但那次，十三岁的米亚并没过分沉浸在动物性的快乐中，因为她敏感地察觉到体液的颜色不同以往，她起身用纸擦了擦，发现一抹红色。

她立刻猜到了答案，并走出浴室翻出刚脱去的内裤，有红，果然。那一丁点猩红色就像片败落的玫瑰花瓣，用棕红的颜色和边缘狼藉的形状作为她蜕变的证明。出于好奇，米亚凑上去闻了闻，竟然嗅到一股芳香，仿佛那真是一片鲜花。她紧张地穿好衣服，把这片玫瑰花瓣呈现给母亲。"肚子难受么？"母亲摸着她的腹部温柔地问。"什么感觉也没有。"米亚回答。

母亲在那个晚上接下来的时间里，为她示范了卫生巾的使用方法——而一直以来米亚对使用它的渴望甚至超过盼望经历初潮——并为她讲述了女孩成长的道理。"只是身体内的一颗卵子被排出来，"母亲说，"所以不用害怕，这些流出的都是旧血，是子宫内膜脱落造成的。"她讲得细致又急切，仿佛这是她成为母亲这一角色以来最重要的时刻。

"它是香的。"米亚说出她的观察，并期待着母亲的肯定。

"香的？"她举起那片花瓣嗅了一下，"哪有，就是血的味道嘛。"

但没过多久，一只从过去飞来的雪球就把母亲击中了。她打了个喷嚏，并想起早已被时光折起来的片段记忆。在分娩之夜的最后关头，确实有助产士提到从她下体流出的液体有股香气，母亲听到她们还试图为如此不寻常的临床反应寻找原因，但她完全顾不上参与讨论了，因为她正在被撕裂的痛苦中饱受煎熬。母亲强忍着泪水，泪腺像是临盆的正在收缩的子宫，而子宫就像是快要决堤的泪腺，在漫长的等待中，她不仅回顾了自己作为孕妇的日子里所有值得珍藏的时刻，并且无数次通过抚摸肚皮默默感受蜷缩在腹中的

罕见的爱 | 053

即将见面的婴儿。终于,在几阵连续汹涌的推力下,母亲感到久违的身体之轻重新返回体内。清脆的啼哭声很快响起,一个崭新的女婴已经像颗泪珠似的从她体内滚落出来。

12.

父亲要求了解真相。虽然审判(诊断)结果为阴性,嫌犯暂获无罪释放,但由于他们的话并未说透,直觉在客人相继离场后又单独返回头敲门并告诉他,情况不容乐观。

父亲相信直觉。当他刚拿到约翰·霍普金斯大学医院的实习邀请时,在所有人羡慕的目光下,他却总能感到一丝不安。那时,他还分不清这种不安究竟是隐藏在漆黑夜幕下的漫天繁星还是洪水猛兽,以为那只不过是他无法承受的巨大幸福。但最后的结果证明,那丝不安来自他的内心,来自对那个纵欲的夜晚所埋下的恐惧。

而在更早之前,当他遵从所有人的建议,在两个女人之间选了年轻温顺的那位作为妻子时,一种发自本能的怅然若失也曾让他心神难定。现如今,曾被落选的姑娘已经成为赫赫有名的女画家,而不仅如此,她还是五个儿子的母亲,三个活泼男孩儿的祖母。正因为此,父亲总会在不可避免地看到她的报道时感慨当年：即使仅有两个选项，他依然蒙错了答案。

但直觉并非无处不在的上帝。当十岁的儿子被诊断为白血病时，父亲唯一感到的便是孤立无援。他想要代替儿子受难，却丝毫没料到这可能是场误诊，因为直觉从来不会为幸运代言。由此可以看出，父亲的直觉绝不会是满天繁星，就算不是洪水猛兽，也只可能是只悲伤的报忧鸟。

现在，这只口里衔着黑百合的小鸟又要登场了。父亲闭上眼睛，凭着惊人的定力顺着它若隐若现的一小截尾巴摸索。他终于看到了，在无垠的黑幕中，那个吃人的结论并非同性恋，娘娘腔，而是一则让他几乎立刻昏厥的预言：儿子没有生育能力。

13.

爱情不仅是接吻的游戏，也是亮明身份的确凿证据。在获得了爱情世界高贵的通行证后，K决定是时候召见那位自称为X的乐迷姑娘了。曾经，在她的质疑面前，K有种被看穿的可怕感觉，他想向她坦白，因为她不仅把他从大多数人中发掘出来，还为他提供令人叹为观止的稀有选择——名义上的婚姻，而这当然只是少数派发明出的机会和风险。但拿着爱情的铁证，他便能保住自己混迹于大多数人中的身份——一个绝不会被单独拎出来接受盘问的普通人。因此，当

K和乐迷姑娘再次见面并终于开始面对正题时,手执酒杯,他像宣誓般隆重地保证自己既不是同性恋也不是单身。他正在经历一场普通人的恋爱,虽然这场爱并没有值得炫耀的惊心动魄之处,但他还是像大多数沐浴在爱情中的年轻男女一样感到无比甜蜜。

他的话句句属实,也正因为此,他比以往任何一刻都更对此结论深信不疑。在爱情的领奖台上,他仿佛真的回归到无须纠结于"我是谁"这一终极问题的普罗大众,而答案既简单明了又经得起推敲——他是一位才貌双全的女摄影师的男朋友。经久不息的掌声似乎在此时响起最为合适,但乐迷姑娘并没有这样做,她像刚失恋似的悲伤地连连叹气,垂着头一句话也说不出来。

K这才意识到他虽然成功使对方放弃了对自己的拉拢,却令她看起来像是整个俱乐部中,甚至全世界范围内唯一被遗弃的孤儿。一种背叛他人的负罪感油然而生,他不知所措地摆弄着手指,直到骨节雄风大发地咯吱作响,才从快要风干的措辞中摘下几句话安慰她道:

"总有一天,你也会等到真正的幸福。"

"最浪漫的不是结果而是过程。"

"相信我,你一定会顺利找到……"

但这些话并未驱散她眉宇间的忧愁,却反而因其口号式的空洞内涵而让她的嘴角不禁撇向一侧。K有些难堪，于是试图翻过普通人的围墙走到她狭窄的营地，停止喊话而是真正和她用心交流。

"关于同性恋的传闻不止你提到过，事实上，连我自己也常怀疑自己。虽然身为同性恋本身并不可怕，但真正可怕的是，连我本人也摸不透我的想法，看不清事情的真相。不过现在我不再为这件事痛苦了，因为爱情给了我答案。"K说，"因此，虽然你一定出于无法言说的苦衷而要选择名义上的婚姻，但我认为更好的做法是坚持一下，直到你发现自己真正想要的东西。"

"我早就发现了，那正是我真正想要的。"她说。

"为什么？"

"你认为名义上的婚姻是什么？"

"一种……虚假的关系？"

"那你认为X代表什么？"

K费了一阵工夫才记起她的名字是X。"未知数？"他又想了想，"在记谱法中它代表重升号，意思是连续升高两个半音。"

"X代表染色体。"她公布正确答案，"正常女性有两条X染色体，而我只有一条，这是我注定的命运，也是我在一年前才弄明白的事。"

K不懂她在说什么。

"因为我无法生育，所以向往无性婚姻。"

K恍然大悟。他的脸烧得滚烫，"花生米"隐隐作痛，仿佛对方并不是为了澄清她的立场，而是在暗示他错过了唯一一班方向正确的列车。虽然他竭力控制住自己的情绪，但刚才喝下的啤酒似乎就在此时发挥了效力，使他头晕目眩，喉咙像是着了火似的灼热难忍。他抓起桌上那杯几乎快要融化的冰水倒进嘴里，却丝毫无法扑灭迅速弥漫的醉意。趁着身体还没完全飘离地面，他匆忙向她道歉，跟跄地站起身冲出门外。好在夜晚的风清凉绝顶，不仅很快便把这件事吹得远离现实，还送来了百分百真切甜美的米亚的问候短信——爱是最好的醒酒药，因为就在他赶到指定地点见到她时，他跌宕的情绪已经完全平复下来。这才是他的列车，一班无须担心方向和时间出差错，永无条件为他启动或是停下来的列车。面对摄影师早已准备好的长焦镜头，他向她露出了前所未有的灿烂微笑。

14.

父亲行动了。当他冒着以爱之名的虚汗，用备用钥匙打开 K 的公寓大门时，唯一祈祷的是拥有接下来平安的一个小时。

甚至更短的时间，只要能从这所公寓中找到任何让他放心的东西，他会立马离开。此刻，父亲不是来窥探隐私的父亲，而是来取证的探员。嫌犯同志，有人冒犯了你的父亲，在他的胸前揍了一拳，让他蒙受了前所未有的耻辱。我今天就是来替他寻找清白的。

请用你内心的半点内疚深思（想想他曾用约翰·霍普金斯大学医院换来了什么），请给我在你的空间里独立思考的一小时，允许我从容地把案子办完。即使我只找到芝麻大的证据，都会向你的父亲隆重报告，你是个优秀的好小伙子。

他重温了一遍猎物名单。列在榜首的超级大奖是安全套。如果还能有幸从废纸篓中捞出一只用过的套子，他会在今晚就提议父亲奖励儿子一部摩托车（的确，父亲曾在排查儿子的同性恋身份时祈祷他至少没有失去童贞，但在当下这个更为严肃的假设中，他只希望亲自看到儿子光荣阵亡的童贞尸体）。名列榜单前几名的还包括色情杂志和电影，情书，电动剃须刀，以及能证明有女士在此过夜的任何用品，比如女士化妆品，小号拖鞋（K的手和脚都长）和女士睡衣。K从不感兴趣的一切物品也在搜查范围。根据父亲描述，这些物品包括汽车模型、发胶、苹果和花生米。

时间紧迫，搜查开始。他粗略扫视了一圈客厅后，决定先冲到卧室。距离上次来此地参观已经有段时间了，他本以为这里会像老鼠窝一样凌乱，但令他吃惊的是，屋里空荡得仿佛正处在搬家的尾声。除了一张床和几件必要的家具外，几乎什么都没有。桌上没有摊开的杂志，而只有几张零散的乐谱。被子被叠得干净利索，床边站着一只孤独的空纸篓，衣柜里的衣服少得可怜，看上去还不够轮换四季。

他又回到客厅,充满灵感地把钢琴打开,检查了每片琴板之间的缝隙,但仍一无所获。洗手间和厨房也没有疑点,女士用品从未出现,就像男士用品也没有几样。没有苹果,没有花生米,更没有色情杂志和情书这类奢侈品。公寓主人是位生活简单的性无能患者,报告打印完毕。

但像突然受到召唤似的,他快速返回卧室。床头柜!他竟然会漏掉如此关键的部分。他屏住呼吸,拉开那个黑色的木抽屉。奇迹出现了,在一些东倒西歪的维生素瓶子之间,几乎是假惺惺地躺着一只正方形的,盛在透明袋子里的安全套。侦探就像是凝固在这个场景中似的,他的大脑疯狂计算着各种可能性,他真想扑上去,却纹丝不动,仿佛那是个拴在捕鼠夹上的狡猾的诱饵。但想到伟大的使命和刻骨的仇恨,他皱着眉头把那枚透明袋子捏了起来。不是诱饵,那是个真正猎物!他激动地把它捧在掌心翻来覆去,却突然注意到在袋子另一面,赫然印着两个巨大的红字:"赠品"。还有一行面目模糊的数字像迎宾彩带般斜挎在这两个大字上。他眯起眼睛辨认了半天,才发现那是个在五年前打印的生产日期。

15.

K整天都在盼望接吻,即使他的双唇正落在米亚的唇上，脸颊上，额头上，眼睛上，却仍然不够。他从未像现在这样渴望时间变慢，能让他从容地把每个吻酿造得更加醇厚，并趁着它们未被氧化前仔细品尝。它们有时浓烈而圆润，有时甘甜而清香。他像猎人般守候在她的唇边，以便在新的灵感到来时迅速抓住。

他们在拍摄的间隙接吻，在演出的后台接吻，在松树林接吻，对着阳光雨露接吻。他们像萨克斯手和风骚小姑娘那样勾着脖子接吻，扭着屁股接吻，在电影院里静悄悄地接吻，在疯狂的人群中高调地接吻。在K的提议下，他们还试过在不同情调的音乐声中接吻，并练就了在第五交响曲的轰鸣中保持吻的慢速和温柔。他们啧啧地吻，无声地吻，睁着眼睛吻，闭着眼睛吻。他们像啄木鸟一样短促地吻，憋着气漫长地吻。他们还边吃东西边接"脏吻"，然后再喝口甜酒把余味刷新。

她了解他，纵容他，不厌其烦地迎合他的爱好。一天下午，他们手牵手途经一家乐器行时，她比他还主动地非要进去逛逛。但比起这位兴致盎然的摄影师，她的男朋友显然并未感到乐器行别具吸引力，因为就在它的边上有间毫不起眼的商店，而他的眼睛一刻也没从那里离开过。

那是一家挂着"鸟语花香"四个镂空大字的简陋小店。和乐器行气派通透，博物馆般大方地把数架三角钢琴沿街陈列的装饰风格截然不同，小店陈旧的外墙密不透风，表面布满返潮掉皮的疤痕，入口处锈迹斑斑的弹簧门虚掩着，看上去并不是店主有意为之，而只是由于年久失修而无法被正常使用。令人欣慰的是，墙上唯一的展示橱窗似乎得到了应有的重视，在那里，数十套尺寸完全一致的彩色盒子以倾泻的香槟塔造型叠落码放，使小店乍看起来像极了深受小学生追捧的文具超市。但只需定睛观看便会发现，呈三角形的盒子阵列里摆放的不是香味扑鼻的动物橡皮，不是闻所未闻的奇花异草，而是一条条色彩鲜艳的硅胶身体。这些爱的道具忠心耿耿地像士兵般站成排，尽管纹丝不动，却足以表明它们蓬勃豪迈的野心。如此震撼的场面的确为小店平添了生动逼真的威猛气势，和它相比，不远处的乐器博物馆不仅立刻暴露了其华而不实的致命弱点，并显而易见地泛着呆板无力的将死之光。

　　直到米亚发现她的男朋友脚步黏稠，才顺着他迷离的目光注意到这家小店。她当即兴奋地拉起他的手冲到那扇橱窗前，啧啧称奇一通后，便不由分说地率先推开弹簧门走进屋里。K紧随其后，尽管他的膝盖瑟瑟发抖，却在步入小店那一刻像完成壮举似的豪情万丈。店主是位看不出性能力好坏的中年男人，但有目共睹的是他无与伦比的管理能力——天知道他是怎么做到把如此花样繁多的催情玩具分门别类，并通过富有创新精神的组合彰显了它们闪烁着钛金属光泽的科技感，以至于多数初次光顾的客人不仅很快便会把羞耻感抛在脑后，并且在无声的参观后默默发出感慨：为了对得起仅有一次的生命，有必要把每样产品都尝试一番。

当然，K不这么想。当他目瞪口呆地从这些只应属于巨人的赤裸胯下经过时，被检阅的耻辱感折磨着他，使他不得不双手挡在花生米前保护自己凄凉的神秘之物。但他的女朋友竟然被彩虹糖一般漂亮的安全套专柜迷住了，一对儿纤纤玉手牢牢抓住四盒这危险的小东西，眼睛却直勾勾盯住有心无力拿起的第五盒。他正准备叫她离开，却听到一个声音在不远处响起：

"小姐好眼力，这可是第二代改良产品中的最后一套。"

乐手和摄影师同时转身寻找声音源头，令他们都倍感难堪的是，店主的话是对K说的。他满眼期待地望着K，仿佛总算为这些宝物找到了好主人。

他们几乎落荒而逃。漫无目的地走在街上，即使并无一句对白，他们却都感到彼此刚刚发生了严重的争吵。直到夜幕降临，他们不约而同地赌气走进一家小酒馆再从那里东倒西歪地走出来，两双手才重新牵在一起。去我家吧，米亚说，语气中并没留下供他拒绝的余地。出租车上，K的手被她紧紧抓住，仿佛如果不这样做他会立马跳车跑掉。但他哪儿都不想去，只想快点儿找个温暖的地方睡上一觉。

朦胧之中,他看到一群人围坐在火炉边畅饮,木炭在炉子里噼啪作响。

"你爱我么?"其中一个人小声问。

K装作若无其事,却在暗中静静聆听。莫名其妙地卷入别人的对话,这种感觉奇妙异常。

"什么是爱?"另外一个声音问。

"爱是合二为一。"

被问话的那个人沉默了。紧接着,人们听到节奏鲜明的击打声从无名之地传来,把炉中的火苗震得忽明忽暗。只有K明白,这是对话者的心跳声。越来越密的鼓点像长夜后的红日一样令人群振奋,于是大家掀开帐篷冲到室外的凛冽中跳舞。

"你爱我么?"K被推醒了。他发现自己正躺在一张温暖的软床上,并已经在这儿睡了一觉。

梦中的对话在头脑中回放。爱是合二为一。K翻过身,看到米亚的眼睛明亮潮湿。此刻,亮晶晶的米亚不再是发号施令的摄影师,而是听命于主人的可怜小猫。她讨好地趴在他的面前,温顺地低下头来回蹭他的面颊。

K如鲠在喉,他无法为这个严肃的问题宣布答案,甜蜜和悲伤淹没了他的心。显然,虽然他用尽全力,却从未让她体会到爱情的味道。在愧疚中,他凭着本能吻住她,像迟暮老人那样缓慢而温存,孤独的黑夜被拉得细长,答案从未存在,因为问题早已被碾碎成宿命的谜语。但老人怀里的小猫焦躁不安。她扭动，挣扎，上蹿下跳，充满挑衅地撕咬。她饥饿，想吃鱼，却只得到一个又一个干涩咸腥的吻。有一阵子她突然主动恢复了温柔，变戏法般抖出一只铝箔小包，娇羞地示意他不必为安全担心，但他抢过那东西扔出窗外，又接着试图用吻平息这场一触即发的战争。她终于真的生气了，用力挣开囚禁，拒绝汲取哪怕一滴唇边的雨露，任凭风雨交加，也要拼尽全力在那片山谷摸索玫瑰。直到最后他们都筋疲力尽，气喘吁吁地躺在彼此身边，才不约而同明白一件事：所有的吻都不为表达浓情蜜意，而只为掩盖他的秘密宝藏。

"我不回答你的问题，是因为我无法回答。"K下定决心打破沉默，"我不能爱任何人。"

米亚认为他要么是在撒谎，要么是在故弄玄虚。

"我已经二十六岁，但我的身体只有十三岁。因此即使二十六岁的我爱任何人，我的身体也不会爱任何人。你明白吗？"

米亚听不懂。就像一只刚刚挣脱风暴的小船，此刻，在平静的海面，她的心中充满对风暴本质的疑惑——你爱我么，她曾拷问对方，却比任何人都清楚，她并非真想知道答案，或者说，如果答案并非肯定，那么无论如何，问题便失去意义。相比之下，更有意义的事情在于，她希望这句话能开启一扇身体的门，而她也乐于打开自己的那扇，仅此而已。那么，她爱他么？这是个好问题。事实上，自从主动献上双唇，她就开始无数次质问自己。她常想起那两块稚嫩的肩胛骨，她疯狂地爱他的肩胛骨，爱他在镜头中别致的生涩，爱他坐在钢琴前的侧影，也爱他炽热的吻，以及若隐若现的压抑的灵魂。但在进入那扇门之前，她不敢说这些算得上大写的爱。根据《爱的剖析》中的论点，调情指两性间不以性交为结束的一切接触。她同意这个说法。如果非要承认，那么迄今为止，她喜欢和他调情。

想到这，她为自己的刻薄表现深感歉疚。为了向他示好，她伸手抓住他的手臂来回摩挲。"年龄不是问题。"她说。

他们再次陷入共同的，却截然不同的沉默。时间刻意停下脚步，等着他们从各自难言的悲伤中平静下来。但不知过了多久，当他们同时为一只从窗外迅速蹿过的真正的猫而发出轻叹时，却无奈地意识到，他们都一直在漆黑中徒劳地睁着眼睛，任由困意爬满全身，却无法幸运地赶在对方之前睡去。

"格雷戈尔是被饿死的。"米亚突然说。她的声音显得疲惫，像是一阵吹到尽头的风。

"什么？"K打了个哆嗦。

"还记得在我们第一次见面时你说过的话吗？格雷戈尔不是被父亲扔向他的苹果砸死的，虽然父亲确实恨他，也的确向他扔过苹果，但他最终是被饿死的。"

米亚说。

K不相信自己会记错这件事,因为他一闭上眼睛,就能看到那只可怜虫在父亲暴虐的投掷下到处乱窜的身影。

"卡夫卡也是饿死的。"米亚接着说。

"这不可能。"K严肃地反驳,"卡夫卡死于肺结核。"

"肺结核使他的喉咙在吞咽时疼痛难忍,但真正让作家丧命的原因是饥饿。另外,作家最后在病床上还在校对他的短篇小说……"

"《饥饿艺术家》。"K说。

这就是他们当晚的最后一句对白。在令人窒息的安静中,他们都反复在头脑中为这几起由饥饿引发的事故寻找联系。令人难以置信的是,严整的联系并不存在。变成甲虫的格雷戈尔死于因失去胃口导致的饥饿;衷心热爱饥饿表演的艺术家能至少连续四十天不吃饭,最终由于实在找不到适合自己口味的食物而饿死;弗兰茨·卡夫卡死于因病无法进食造成的营养匮乏。虽然他在临死前的病床上还在操心饥饿表演艺术家,但这个如同他自身写照的故事就像《变形记》一样,完全被构思于他无法进食之前。卡夫卡并未想过预知未来,但在上千种死法之间,未来却被不幸言中了。

思考消耗着氧气,使他们终于昏昏欲睡。那个维系爱情的联系困极了,它打着哈欠脱掉透明的外衣,谁说那不是一件皇帝的新衣。

当鼾声相继上演时,这个漫长的夜晚终于徐徐落幕。第二天清晨,K睁开眼睛,意识到这是他第一次没从自己的床上醒来。转过头,他看到身边的米亚,却感到亲吻她的欲望像遭遇了一场飓风,连影子也消散得无影无踪。

16.

父亲绝望了。生活对他过于不公,只有酒才能挪开他胸口的石头。多少年前,作为外科医生,每次手术后,他都会借着酒精的帮助,把那些因痛苦而扭曲的病人面孔关到大脑中永不再见的监狱。他恨病人,这些与他无关的人硬要把生命塞到他手中,好像他们亲耳听他虔诚地对着希波克拉底誓言发誓了似的。而他既讨厌这个法典,也从来不喜欢被强迫。他是没得选。父亲的父亲也是医生,这导致他从小就以为医生是世袭的职业,因此在医学院,当他发现大部分同学竟然不是医生的儿子时,意识到自己受了愚弄——为了避免被这些不配做医生的人超越,他成了一名好医生。人们争先恐后地把命往他手心塞,执意点名让他拿刀切他们,伤口还没愈合,就泪水涟涟地用生命发誓对他永远忠诚。但就像晴天无需打伞,性无能者无需安全套一样,父亲根本不需要他们的忠诚。他飞快而准确地为他们找到病因，送他们离开医院，只不过是想在他们变得更讨厌之前把他们打发走。他恨他们，无论他们是不是深深爱他。

离开小酒馆，父亲向家走去。街上全是老人，熟食铺前排着精神矍铄的老人，商店里挤满拎着重物的老人，公交车站聚集着窃窃私语聊个没完的老人（这些可疑的人是不是正在传播父亲家的糗事，"您家的情况大家也都知道"就是这么来的?），医院门口进出着忧心忡忡的怕死的老人，树丛里隐藏着遛狗的干瘦老人，那些面相凶猛的大狗简直像是他们的主人。有个简直不能再老的老人像蜗牛一样弯着腰行进，还有个神智不清的老人顽固地到处捡拾垃圾，身上散发出臭烘烘的酸腐味儿。这是个老人的城市，年轻人像是罕见的竹笋，而遍布山野的是刻满划痕的毛竹。现在，有位年轻妈妈推着小娃娃走来了。老太太们不约而同地停下了脚步，就像迷途的羔羊突然找到了头羊，她们聚集到小娃娃身边，哄着她，伸出干枯的指头摸她的嫩皮肤，拱起皱巴巴的嘴要亲她的香手指，还争相张开双臂要把她抱到怀里。娃娃哭了起来，年轻妈妈吓坏了，她把孩子紧紧搂住，硬着头皮冲出包围。

父亲也是老人，尤其在微醺的时候更加衰老。他的思路像黏稠的粥一样无法流动，眼前如同扣上了万花筒，同时看到无数人影笨拙地晃动。他嘲笑每一位老人，嘲笑他们重影的分身，却在不经意中被一位低头走路的老妇人撞了个趔趄。那位女士刚想赔礼道歉，突然认出父亲是她所在医院的退休医生，立刻笑脸相迎地改了措辞道：

"好久不见啊！这么晚出来逛……哎呀，您是不是喝酒去啦！"

"没，哎，这就回去了。"父亲表情僵硬地回答。他认出这位熟面孔是医院财务科的现任出纳。

"您的夫人呢？她怎么不陪着您啊？您的儿子呢？啊……我记得您是有个儿子的对吧？"

"对。"

"您儿子多大啦？结婚了吗？您是不是早就当上爷爷抱上孙子啦？"

天啊，如果可以，父亲真想把这张碎碎叨叨的嘴用一只浸透乙醚的袋子套住。她有什么权利向他提出这些问题呢？她凭什么以为只要假装做出一副关切的表情，就能向他索要他个人生活的细枝末节呢！父亲想要一走了之，可她洋溢着快乐的笑容如此熟悉，那表情曾浮现在围观他和拳王之战的每一张脸上。父亲感到不寒而栗——如果她正是那个心知肚明俱乐部的核心会员该怎么办？她无疑会迫不及待地把他在这场偶遇中的表现向所有人分享，而他们肯定还会就此推断出更多证据用以加固他们无法亲眼所见的结论。因此，此刻父亲别无选择，只得站在现实的反面回答道：

"我儿子二十六岁了，虽然现在还单身，但他是个懂事的孩子，从来不让我们操心这些事。"

"可您不能真不操心吧！您这么优秀，您的儿子肯定也人见人爱！要不要我给您的儿子介绍对象？我可最喜欢做成人之美的事啦！"

"没关系，他现在这样挺好的。"父亲本想说谢谢，但他提醒自己把这两个没出息的字眼咽了回去。

"哎呀我差点儿忘了，"她用力拍着额头跺着脚说，"我其实还记得他小时候的样子呢！有一回您把他带到咱们医院来，他一整天可都是在我们财务室度过的，和我玩得可高兴啦！当年那么可爱的小不点儿现如今肯定变成英俊潇洒的大小伙子了吧！您可能不知道，我那时就当着所有人的面夸过他，我说这小子一看就是人才，今后绝对是前途无量！"

"谢……谢谢。"

"要我说，下次您可坚决不能一个人出来喝啦，这不成了喝闷酒吗！应当让您的大儿子陪您喝啊！小伙子陪老爸喝酒也是孝顺的表现嘛！趁着他还没成家您真应该……"

当这个贪婪的声音总算远去后，父亲决定必须停下来歇会儿。对付这个难缠的女人实在消耗体力，他急需找个地方坐下来静静。离他最近的是间发廊，玻璃门大敞着，"洗发按摩"四个大字已经脱落得难以辨识，红蓝相间的灯箱疯狂地盘旋打转。一个穿短裙长皮靴的女人站在外面，气温微寒，于是那截鲜嫩的大腿更显得珍贵稀罕。就像老太太们总无法自持地爱着孩子，老头儿们也时常天性流露地惦记着年轻姑娘，他们真想像老太太捏婴儿似的自然而然地在那些屁股大腿上掐上一把，把年轻圆润的姑娘搂进怀里抱一抱。但捏大腿不是免费的，而且据说还得冒险。有些老头儿并不怕冒险，为了不让这种愿望最终变成遗憾带进坟墓，他们心甘情愿把胼手胝足攒下的积蓄花在姑娘身上。但父亲怕冒险，倒不只是出于吝啬或是医生对病菌的敏感，他主要担心名誉受损。为此，父亲顶多在路过这里时望梅止渴般地张望几下。但现在他走不动了，沉重的双腿给了他足够的理由。他强忍着狼狈相走进发廊，扬起高贵的头，先是要了杯热水，然后随便指着一个姑娘说，洗头。

姑娘的服务并不热情，在他躺到洗头池上之前，她甚至把低胸紧身衣向上拉拽，卷起的超短裤也往下放了一截。父亲感到受了冷落，怒气随着酒嗝一起涌现上来。寄生虫！父亲暗自骂着。姑娘一边抓着他的头皮一边随意甩过几句客套话。"老板，"她说，"你发质真好。""老板，水烫不烫，力气够不够大？"

父亲当即被"老板"的称呼深深打动了，尽管这个尊称中包含"老"字，但他却感到像刚被册封为公爵一样瞬间年轻了十岁。他就在这时明白了为什么有些老家伙偏会痴迷来这种地方消费，他们也许并不是贪图好色的软骨头，而只是长了一对儿乐于在甜言蜜语中受宠的软耳根。谢天谢地，父亲想，多亏自己来这儿，至少那位出纳女士的形象已经在茂密的流水声中淡出了。热乎乎地冲洗了一会儿，姑娘把他的头扶起来，带他回到镜子前，居高临下地用块白毛巾像为孩子服务似的反复擦他的湿头发。父亲的心里再次充满了感激，他早已远离童年，但无论如何，这几秒任凭姑娘摆布的快乐让他几乎落下孩子的眼泪。

一个真正的孩子走进了发廊，他像个鬼鬼祟祟的闯入者，用狐疑的目光盯着父亲看了几秒，就从摆满洗发用品的镜子墙背后神奇地消失了。不一会儿，刚才在门口风光的穿皮靴的大腿也跟了过来，并在同一堵墙后迅速消失。除了父亲，房间里的所有人都像没看到这一幕似的，继续嗑着瓜子削着苹果，抱怨着天气的寒冷和生意的冷清。父亲壮着胆子抬起头，从镜中偷瞄为他服务的姑娘，却发现她也在不加掩饰地看他。"再按按这里。"父亲面朝镜子努努嘴。姑娘并没答话，两只手掌准确地落在他松弛无力的肩上。

父亲不断想着刚才闯入的孩子，那束警惕的目光和儿子的几乎一模一样。神秘消失的孩子和女人让父亲开始忍不住想象起发生在墙另一侧的情景了，奇怪的是，他就像正亲自站在那张床边似的，毫不费力地观察着他们的每个动作。安全套，父亲想，那孩子会不会忘了带安全套。就在这时，快要老死在抽屉里的那只赠品安全套从记忆里活了过来，它蹦来蹦去，毫不留情地搅动着父亲的胃。父亲的酒劲儿渐渐醒了,他惊讶地发现,那个孩子和儿子的形象已经完全重叠在一起,在墙的另一侧,是儿子在勇敢地挑战禁忌,他从身上撕下那些令人生厌的标签,飞蛾扑火般地释放天性,向成人典礼迈出隆重的一步。父亲为这混淆的幻象感到激动,他神情恍惚地盯着眼前的梳妆镜,仿佛那对儿拼命释放精力的年轻人的舞台就在里面。

一只蟑螂从梳妆台上爬过,它的出现打断了父亲的思考。父亲从摊开的零食袋中顺手抓过一只苹果,奋力向这只令人生厌的虫子砸了过去。

17.

K走在回家路上,天空晴朗,早晨的薄雾已经散尽。街上人来人往,皱紧眉头的中年人把心事写在脸上,早已亲手把心事埋到坟墓中的老人不急不慌地晒着太阳。没有几个年轻人。早上十点一刻,孩子们都被关在学校,而年轻人正闷在写字楼里消耗精力。K又饿又累,他知道白天并不属于自己,于是更加紧了步伐。直到他完全回到家,仰面朝天躺在那张被父亲反复检查过的床上时,世界才终于安静下来。闭上眼睛的一刻,他仿佛听到黑键齐鸣。

到了晚上,K的精神总算恢复了一些。他来到俱乐部,为即将进行的演出做着准备,心里却在惴惴不安地猜测米亚会不会来。但无论如何，K并不担心糟糕的心情会影响演出，这不仅因为他像熟悉自己漂亮的十指一样熟悉众多曲目，更因为作为一名夜场乐手，比精湛的技艺和充沛的情感表达更重要的是取悦观众，准确把握他们的心。K对这一套完全熟悉，他有天赋。

K向鼓手示意，演出从布克尔·T.与M. G.'s乐队（Booker T. & The M. G.'s）的《灵魂监狱》（*Soul Limbo*）开始。这是一首发布于1968年的老放克，虽然标题沉重，但其实是首欢快曲子。热场效果果然一流，因为观众已经在跳跃的旋律中举杯扭动了。

接下来还是这支乐队的《绿洋葱》（*Green Onions*）以及国度乐队（The National）的《俄亥俄血脉》（*Bloodbuzz Ohio*）和《需要我的女孩》（*I Need My Girl*），三首曲子将全场气氛带入第一个高潮。但当女歌手登台，唱起妮娜·西蒙（Nina Simone）的《感觉真好》（*Feeling Good*）时，所有观众都屏住了呼吸。他们就像刚刚被八月的热气蒸得大汗淋漓就被故意推入泳池似的，一种令人肃穆的凉爽随着每个音符在空气中弥漫。女士们先生们，生活不只是享乐，还有泪水和悲伤。

下半场以键盘为主。米亚并没有出现，但K并不十分失望，正相反，他感到前所未有的轻松。他先弹了一首由格林卡的《云雀》（*The Lark*）改编的小品，并在演奏时，悲哀地想到这也许是他最后一次弹它，因为曲中的每个音节都能唤起他对米亚的吻的回忆。在一个雪后的黄昏，当米沙·麦斯基用大提琴演奏这首曲子的录音响起时，夕阳也刚好把最后的余晖洒在他和米亚脸上。不约而同地，他们都意识到那时唯一的遗憾便是缺少了吻，于是及时用行动把它补了起来。那是个恰如其分、情绪饱满的吻，直到他们终于把脑袋从对方怀里拔出来时，乐曲正随着黄昏结束，夕阳换成了月亮。

作为调剂，K又演奏了两首改编后的经典老歌，分别是路易斯·阿姆斯特朗的《美好世界》(*What a Wonderful World*)和猫王的《从未去过西班牙》(*Never Been to Spain*)。观众果然立刻进入了高潮。他们随着这些熟悉的旋律齐声歌唱，感慨着经久不衰总比标新立异长命。男士们再次把握十足地从背后揽住了女士们的腰，而女士们匆忙地扭过头丢下香吻又再把头扭回来，枕在男人的臂弯中向键盘手含情脉脉地眨眼。比起急于求成的男人，这才是她们想要的，不温不火，意味深长。感谢今晚，让她们得到如此美妙的享受。

炫技时刻开始，这回是德沃夏克的e小调斯拉夫舞曲。但刚开始演奏不久，就从观众席传来一个男人的声音："别再弹这些老掉牙的曲子啦，来点我们没听过的！"起哄似的笑声和掌声响成一片，刚刚在经典金曲中醉得一塌糊涂的观众，现在强烈要求体验新的高潮。

这不是 K 第一次遇到这种情况，而应对的最佳方法，便是真给他们点儿没见过的尝尝。《镜中之镜》（*Spiegel im Spiegel*）！他故意弹得很慢，高音安静地滴落，仿佛抚慰躁动婴儿的母亲的手。"《镜中之镜》，"那个男人骄傲地嚷了起来，"爱沙尼亚的艾沃·帕特的作品！"

K 感到不可思议，他想起他曾在这里演奏过这首曲子，于是断定一定是老客人在拿他取乐。K 示意大块头萨克斯手上台，共同演绎了鲍勃·詹姆斯（Bob James）和戴维·桑伯恩（David Sanborn）合作的《马普托》（*Maputo*）。表演一路风平浪静，但乐声刚落，曲目就又被一位好耳力的观众公布出来。

"再来一个！"观众们兴奋地叫着，"来个我们没听过的！"

K 决定冒险演奏一支他并不能完整背诵的曲子，由于他只熟悉其中一段，就直接从中间弹起。

"凯斯·杰瑞（Keith Jarret）音乐会，第十九分五十秒！天啊，有人没听过这段吗？节奏太乱了，但还是瞒不住我！"那个男人的喊声再次响起。亢奋的呼声从观众中爆发出来，他们刚刚发现，主动挑战比被动接受更加刺激。

在继续交战了几个回合之后，K 决定回到他情有独钟的古典曲目上来。他尝试着弹起一支连他自己都忘记名字的曲子，他弹得磕磕绊绊，但幸运的是，他过关了，因为观众都还意犹未尽地沉浸在这长达三分钟的令人震颤的体验中。曲毕，他才想起那是玛塔·阿格里奇曾经录制过的一首曲子。

"《斯卡拉蒂D大调奏鸣曲》。"K说。他几乎从未在这个舞台上对着麦克风讲话。而当他努力摆出最沉稳的做派公布答案时，人们并未因他颇为细软的嗓音感到惊讶。观众几乎集体起立，用当晚最热烈的掌声表达他们的激动。而不论何时，他们的激动只为表达一个意愿：

"再来一个！"他们又在高喊了。

18.

舞台上这位让观众如痴如醉的乐手是谁？父亲感到困惑。整场演出中，他一动不动地站在那里远远观望，并拼命在煽情高手和孬种儿子之间画着等号。

最耀眼的事实是：儿子在演奏时潇洒地晃动着肩膀，眉头随着乐曲忘情地滚动。相比之下，他指间的动作倒显得过于拘谨，仿佛被安排在次要位置的配角。父亲不禁为此唏嘘不已——要知道，儿子从前练琴时可是正襟危坐，除了十指跳跃，他的身体从来都像是没有知觉似的纹丝不动。

当观众不断要求儿子展示新花样时，父亲认为他一定会在台上哭出来，因为这就是儿子面对音乐时的典型表现——即使没人逼他,他都能自己哭成泪人儿。父亲既见过儿子一边演奏温柔的肖邦一边流泪,也匪夷所思地见过他听着雄浑有力的普罗科菲耶夫时泪湿衣襟。那是一段激发男人冲上前线的旋律,但儿子竟然从第一个乐句还没结束就泪水涟涟,只能说明他是被男子气概吓破了胆。

可是刚才,儿子在台上不但没哭,而且反应机敏,沉着应对突发情况。这是父亲第一次在儿子身上隐约辨认出他的基因——键盘手儿子像医生父亲。想到这,父亲万分悔恨没早点儿送他去医学院。修长灵巧的手指当然不是注定为琴键而生,也是优秀外科医生的天赐良器。而如果儿子曾在解剖室和手术台上经受磨练,他怎么可能不成为像父亲一样的真正的男人。

不不,有些地方出了差错。也许儿子正是中了音乐的毒才变成现在的样子,他体内阳刚的部分并非从不存在,而只是被完全埋没了。那个在舞台上斗志昂扬的乐手如此成熟老练,他绝对不是无能的,他没有任何方面有无能的迹象。

父亲回家时再次路过了那间发廊,他看到曾经为他洗头的姑娘正坐在里面发呆。父亲毅然走了进去,怀着让儿子蜷缩在井底的男子气概重见天日的斗志,他觉得浑身又充满了力量。

吻的剖析

1.

吻是爱的前奏抑或爱是吻的前奏？爱是否能被证明？换句话说，当我们宣称陷入爱情时，是否能放下虚无缥缈的幻觉并拿出些确凿的证据？而这个证据是否能像奶油蛋糕一样，是个一尝便知的甜蜜的吻？

尽管这些问题都是 K 提出来的，但他并不打算真的为此组织一场讨论。因为无论被答是或不是，都难以让他相信来自大众的结论也能适用于他。事实上，这些格外小心的措辞之下正隐含一个令他难以启齿的问题：我们是否可以抛开<u>下半身的欲望</u>不谈，而纯粹为吻和爱之间找到些许联系呢？

吻的本能说认为，早在原始人类时期，人类饮食不用碗筷碟盘，母亲都是利用口对口的方式，像鸟的哺含一样，把嚼碎的食物喂入婴儿的口中，在这个过程中需要配合舌头的压力和嘴的动作。这种本能的母爱演变是亲吻的起源。

英国心理学家哈维洛克·艾利斯认为，亲吻的起源是从婴儿吸奶的本能开始的。

还有理论认为，亲吻与古代互相摩擦鼻子的习惯有关，比如蒙古人和因纽特人就有这样的风俗，而这一风俗又与一些动物的互相嗅闻是一致的。因此，许多专家认为，亲吻的真正含义在于用鼻子闻闻配偶。

瑞士心理学博士、解剖学研究所研究员费盖尔·哈林教授在他的著作《爱的剖析》中提道："参与接吻动作的有三种感觉器官：触觉、味觉和嗅觉。需要指出的是，非情欲接吻，如表示友好的接吻，体育比赛获胜时的抛吻，它们同情欲接吻的起源类似。"

而"毫无疑问，母亲在儿子面颊上的亲吻，表现了丰富多样的感情，与情侣之间的吻当然不同，但是就起源而言，仍然是一个。'柏拉图式的亲吻'，由于不能真诚的接吻而缺乏性的含义，所以它是自相矛盾的"。

"奥维德在他的《爱的艺术》里写道：'赢得一吻而未能获得其余的东西，那还不如失掉那一吻。'因此，不管亲吻显得多么真诚，只能把它看作是欲望与占有之间的一个步骤，只能是希望与目的之间的一座桥梁。"

2.

在被问到是否接过吻时，K 在惊愕中（被）选择保持沉默。事实上,并非他故意隐瞒,而是答案过于拥挤,卡在了狭窄的问题之瓶颈。

K经历过一些吻。但它们不是爱情的纪念章,甚至也不是什么特殊事件,而只是生活中的恶作剧而已。就像在战场上不存在侥幸,对在荒诞和冲突中诞生的K来说,捉弄人的炮弹从不留情。它们可能是针对"花生米"的突袭,是落在他光滑脸蛋上的巴掌,也可能是猝不及防在唇边炸开的吻。假如有人曾经用实实在在的吻拯救过他,也许他的看法会温和一些。但这件事并未发生,因此K找不到任何理由把吻和其他遭遇区分对待。

但在这些令人避之不及的吻中,也有那么一两个能在回忆的炙烤中不至于散发出恶臭,甚至飘出淡淡清香。来自女歌手的吻便是这类吻的代表。那天是除夕,所有演出成员在台上庆祝,女歌手站在K身边,握着麦克风,把手指圈成环放到嘴里吹着口哨。倒计时开始,五,四,三,二,一——在零点钟声敲响的一刻,灯光熄灭,欢呼声从人群中爆发。K以为女歌手会带头尖叫,于是提前捂住耳朵,但他判断失误了。她此刻比任何时候都要安静。就在灯光熄灭的瞬间,她像只早已埋伏在丛林中的豹子,一步蹿到K的面前,扼住他的肩膀,又准又稳地用嘴唇封在他发抖的唇上。"及时行乐!"她抽回身吸口气大声嚷。然后踮起脚继续热吻,她的嘴唇随着猎物的挣扎扭来扭去,勇敢地和他进行搏斗。

还没等K来得及认真思考这个吻是误伤还是灾难,女歌手已经跳到其他乐手身边,和他们继续热烈地接吻了。K就在这时放松下来,并为这纵情狂欢的场面深受鼓舞。毕竟,他没有被他的伙伴们排斥在外,这是个人人有份的公平的吻,而他为能被列入公平游戏的队伍感到受宠若惊。

3.

当然,还有一些擦枪走火的吻并未瞄准他的嘴唇,而是偏离到别的地方,以至于K并不确定它们是否也能载入史册。但如果可以,他的初吻即属此列。K至今能清晰记起那个吻落在他脸颊上时发出的清脆响声——那不是误打误撞的枪响,正相反,它是一朵烟花在天空炸开时那声轻盈的噼啪。

她是K的同学,在他初二时转学进来,聪明勤奋,心地善良,但这些并不是她和K成为朋友的首要原因。那个关键的原因是:她过度肥胖。她看起来完全没有十五岁少女的样子,而像极了五十岁的妇人,臃肿笨重,爬不到三楼便气喘吁吁,脸上冒着油光,头发一天到晚湿漉漉地耷拉着,胸脯鼓胀下垂,被超大尺码的校服紧紧绷住。本来,大家对她肥胖的形象几乎习以为常,但当一位思维活跃的同学一本正经地称她为

"教导主任"时，所有人都在前仰后合的笑声中领悟到这个称谓的贴切，因为五十岁的教导主任的确就是这么一位女人。为此，她和教导主任都不约而同地回避与另一个时期的自己碰面，而只有当她们在洗手间不幸相遇时，才会匆匆交换一个既相互憎恨又相互同情的复杂眼神。她就这样获得了"教导主任"的绰号，并成为和"花生米"齐名的校园奇观。

她和K战友般的友谊就这样在隆隆炮火声中缔结了。在一次小团体组织的郊游活动中，为了节省开支，他们被分在同一间客房过夜。夜幕降临，她并没有遵从别人的建议，让她的朋友把床铺搭在地上，而是真诚地邀请他和自己躺在同一张床上。她的庞大和K的瘦弱形成了有趣的对比，因为她被台灯投在墙上的影子完全把他吞掉了。

他们谁也没脱衣服，不但是出于尊重对方的默契，更是为了维护自己的尊严。就在这静谧的气氛中，她从拥挤的胸口抽出一个圆形吊坠，小心翼翼地向K展示了深藏其中的一张旧照片。照片上的小女孩美丽苗条，那是曾经的她。她告诉K，她的肥胖并非出于对食物的贪婪，而是因为卵巢病变需要持续注射含有激素的药物产生的副作用。倾诉之后，她抓过一只枕头，向墙上那个巨大的影子用力扔了过去。影子并没有落荒而逃，她转过身，背对着墙面发出悠长的叹息。

为了安慰战友，K挪到离她更近的位置像个婴儿似的一头扎进她的手臂,而她没有拒绝,并充满感激之情地将他搂在怀里。他们就这样安静地抱成一团,直到困意袭来,她主动道了晚安,迅速而响亮地在他的脸颊上吻了一下,然后关上灯,平静地陷入梦乡。墙上的"教导主任"消失了,K像个洋娃娃似的躲在她的怀里睡着了。第二天,当清晨的小鸟把他们从梦中唤醒时,他们同时惊讶地发现,那个搂紧的睡姿早已在不知什么时候散了架,而此刻,他们像老夫妻一样背对背分布在床的两端。在灿烂的阳光中,昨晚的影子重新与她合二为一,他们仍然是庞大和瘦弱的两个孩子,一切都像从未发生过,除了那个像烟花般拉开梦的序幕的吻。

4.

在真正和爱情有关的记录中,最令K感慨的除了躲在角落里的吻,还有完全和这一行为的私密性背道而驰的公开的吻。原先他以为自己绝对不会接受这种挑战,对他来说,于众目睽睽之下接吻就像公开自己的性器官一样恐怖(谢天谢地,摄影师第一次强吻他时并未被同事们看到)。但当他突然被拉上那个展示的舞台时,他的立场完全改变了——我们可以这么说,他甚至迷上了这种感觉。

这种吻最早发生在棉花俱乐部组织的联谊会上,

由于那是K首次把米亚作为女朋友介绍给他的同行们,在整场活动中他都表现出局促不安,幸好米亚并不介意他的少言寡语,而且还饶有兴致地向大家讲述他们的恋爱经过。

"摄影师小姐,你能不能再多说说,你是怎么喜欢上K的?"鼓手的问题简直无穷无尽,"你要知道,我们私下里可都打过赌,说他有可能要打一辈子光棍的!"

"为什么呢?K是个多好的人啊!"

"当然当然,但问题是好人很多,你为什么偏会看中他呢?我的意思是说,像你这么优秀的人怎么可能会对我们这位如此奇怪的搭档感兴趣呢!"

"不是奇怪,是特别!"米亚纠正道。她意识到鼓手的问题不仅是出于好奇,更是为了设置一些狡猾的语言陷阱。

"干脆我换种问法吧!你觉得我们的钢琴大师在哪方面最有吸引力呢?"

"他的工作。"

"工作!"

"还有他的外表和谈吐。"

"嗨小姐,老实说,你就真的一点儿也不介意和这么孤僻的人交往?"

"孤僻!多亏你的提醒!"米亚表情夸张地惊呼着,"我想起来了,最吸引我的就是他的孤僻!我认为正是这让他看上去极其与众不同。"

"可是……"鼓手玩味着这句话。

但还没等他提出新的质疑,摄影师便搂住身边那位受宠若惊的主角,像电视剧里温顺的外国主妇在每天清晨为丈夫递上公文包后都要做的那样,仰起头贴着他的嘴唇奉献出一个亲切而熟练的吻。这个动作就像一枚炸弹彻底平息了那场台面上的言语进攻。大家瞠目结舌地注视着这对情侣,甚至有人带头为他们鼓掌叫好。而在桌布以下,K充满感激地紧紧拉住米亚的手,他的全副身心都在歌唱,脚尖快乐地打起了拍子。在这个尊严被胜利拯救的时刻,他被伟大的爱情感动到几乎落泪。

不,令他感动的不是脚踏实地的真实的爱情,而是一种从天而降的虚假的爱情——事实上当他接受到那个吻时就清醒地意识到它只不过是逢场作戏的产物,是两位演员默契配合的结晶。可是显然,从围坐在桌边的所有观众的眼睛里,他看到的是无条件的信服——他们爆发出的欢呼使他第一次意识到爱的能力竟然能被轻松证明,更难能可贵的是,这个认可无须下半身的参与,因为一个被监督的甜蜜的吻足以延展证明爱情生活的方方面面都和谐美满。在摸索到这条爱的捷径后,K立刻激动地回敬了米亚一个丈夫在下班回家时拥抱妻子的吻。这一次,他确认无误自己是在表演。可这又有什么关系呢?难道刻意营造的情景就不能感人至深么?难道摆出来的吻就只配遭受指责么？这多重的否定使 K 感到前所未有的亢奋，于是他一次又一次地俯下上身，卖力而真诚地表演起来。

5.

米亚问 K，他是否接过吻。在对方说出答案之前，她便把嘴唇送了上去。如此娴熟的操作流程来自一位前辈的启蒙。那是位舞蹈演员，在他和米亚首次共度的那个夜晚，他问这位特立独行的女伴，"你会跳舞吗？"但他甚至没有留给对方一秒作答时间，便直接拉起她的手，环住她的腰，引导她在他的步伐中有章可循地前进。

假如米亚有足够的时间思考答案，她会向他解释自己从未跳过舞，她或许还会拼命转换话题，让自己从这个一无所知的领域中尽快逃跑。但舞蹈演员掐断了她思考的时间，直接把她领到答案面前。"看，你跳得很好！"他对这位脸羞得通红的舞伴说，"你有天赋。"

正是这句话，让他最终获得了在摄影师家中留宿的权利，因为既然她同意把自己笨拙的舞步交给他的舞步，就没有理由不把她灵巧的身体交给他的身体。而更重要的是，即使这并不是一段长久的感情，她依然对那个夜晚心存感激。由于他在错误的答案诞生前便温柔地将它扼杀，她的自卑得到了拯救，于是，在优美的舞步中，脆弱逐渐变成了强壮而持久的激情。

6.

我们从未隆重介绍过母亲,因为相比于父亲,母亲对 K 的影响简直可以忽略不计。在这个家庭中,如果把父亲比作树干,儿子是一根柔弱的树枝,那么母亲则是把窝搭在树下踏实孵蛋的母鸡。母亲只要求老有保障,没有人能打扰她追求健康长寿的决心。在退休之后,母亲立刻和中学数学教师的身份结算干净,把那些她不得不背负一辈子的几何公理冲进马桶,然后全力以赴投入到自己的理想,成为一位孜孜不倦追随自然养生理论的小学生。母亲的目标是无论实际年龄多大,她都要看上去比那个数字年轻二十岁。而为了做到这点,她不但以坚韧的意志尝遍人间百草,包括容易消化的婴儿食品和营养过剩的产妇浓汤,还坚持在制作蔬果沙拉的同时把那些新鲜的食材切片贴在脸上。母亲最鄙夷市面上那句流行话——永远十八岁,因为她为自己立下的誓言是永远八十岁。这个远大理想有着令人叹为观止的终极内涵:她希望能活到一百岁,而在她仙逝的时候,她的容颜将定格在八十岁的状态永恒而安详。此刻,就在我们情绪高涨地谈论有关吻的话题时,母亲正趴在床上,默默忍受十二只透明火罐把她背部的皮肉拔得通红高涨。但当听说吻的起源来自母爱或吸奶的本能时,她挣扎着从床上一跃而起，表示要为此反驳几句。她不赞同所有的吻都能追根溯源，并认为对母爱的夸张赞美有违实情，因为最美好的吻绝不来源于此。

为此，母亲首先要感谢儿子。这不仅由于他让她的家族地位得到巩固，更因为他激发出她本以为体内不存在的重要潜能——母爱。她的确在母爱的驱动下无数次亲吻过儿子，但那感觉和情欲截然不同，因为它并不像情人们在彼此亲吻时却无时无刻脆弱地担心失去彼此，而更像是冠军亲吻挂在胸前的奖牌时所涌动的百感交集——她为自己造就了这个婴儿而骄傲，并为已经完全拥有了他的生命而感到狂喜。

但和儿子的吻相比，母爱之吻不足为奇。母亲在儿子半岁时第一次抓起她的手放在嘴里时就明白了这个道理，因为当他吮吸她的手指时，母亲感到一缕电流从体内穿过，而这感受和那些曾经被爱情击中的瞬间一模一样。但婴儿只抓住她的手含了一会儿便放弃了，因为他的好奇心得到了满足。这让母亲感到失落，于是她主动把手送到他娇嫩的嘴边，满心期望他能再赐给她一个吻。

是好奇心造就了婴儿的吻，而同样的，是好奇心造就了情人的吻。这才是最高级的吻的起源，不能把它们和其他的吻混为一谈。

对于儿子异于同龄人的缓慢成长，母亲并不过分担心。他总会长大的，她想。但他长得越慢，就证明那个在她怀里撒娇的孩子还未走远。作为母亲,再没有比拥有一个婴儿更快乐的事了。

7.

母亲之所以反对把所有吻的起源一概而论,还因为那些从她的婚姻生活中得到的吻如此令人印象深刻。假如吻的定义是轻柔的,用嘴唇表达情感的方式,那么母亲认为父亲甚至从未吻过她,因为当他激动的时候,只会粗暴得像头啃食粮食的饥饿野兽。

但母亲醒悟得太晚了,因为在恋爱伊始,她正是受到他身上这股近乎原始的动物性吸引而对他着了迷。当他霸道地把鼻子贴在她脖子上嗅时,当他粗鲁地说着脏话时,当他用暴风骤雨般的激情让她像片风中的叶子一样神魂颠倒时,她明白了自己正是这些非自然现象的诱因。由于难以抗拒她巨大的魅力,那个高明的,会说英文的,温文尔雅的医生才被激发出了文明外衣下的本能。而相比之下,那些像被包装在精美盒子里的软糯的吻和甜言蜜语是多么俗气。为了拯救这个真正为她发疯的人,母亲嫁给了父亲,并满心期待他能在岁月的腌渍中从床上雄狮变成她的膝下绵羊,但他令她失望了。他的激情依然是暴风骤雨似的,但她早已不再像片叶子似的翩翩飞舞,而是再也止不住地头晕目眩。这种不适直到他因为前列腺炎发作宣布结束夫妻生活的那天才烟消云散,那真是婚姻生活中最美好的一天。

因此,假如父亲的"啃"也能算作吻的一种的话,它绝不可能起源于母爱或吸奶的本能,更无法和源自好奇心的,能让人感到被电流击中的婴儿之吻相提并论。这种吻只能源于饥饿感,一种甚至和食物无关的贫瘠和匮乏,一种从原始时代便开始折磨动物和人类的古老而顽固的恐慌。

K，方达，父亲

1.

当方达在这个孩子面前脱掉上衣时，她感到一种久违的羞赧。抱着这种挥之不去的复杂情感，她不由自主地放慢动作，结果项链竟然卡在了胸前的扣子上，头发也和这团乱糟糟的东西纠缠在一起。本来，脱掉上衣是计费服务的开始，这下好了，她的动作不但毫无观赏性可言，反而坏了客人胃口。方达，这就是你为背叛职业操守付出的代价。

好在那个孩子只是瞪大眼睛望着她。方达看不出他的眼神代表什么，但她能肯定的是，他并没有怪她的意思。事实上，正是这近乎单纯的眼神让她感到不自在，因为里面显然没有情欲，而如果没有情欲，她就不知道该如何让对方满意。对她来说，和客人彼此理解能让事情变得容易，因此从混杂着各种诉求的眼神中找到那个熊熊燃烧的欲望便至关重要，那是开展合作的前提。

方达决定先放弃脱衣服，集中力量把那束碍事的头发拽下来，但她直到把自己弄得生疼，头发却更加蓬乱地打成了结。她只好向这位客人表示歉意并告知计时并未开始，他听了这话却放松下来。

"没关系，慢慢来，我有的是时间。"K说。

听到他稚嫩的声音，方达立刻确定自己是被捉弄了。几乎是心怀恐惧地，她想起那位自称委托人的老年人古怪的举止，并后悔自己为了金钱而答应对方提出的种种要求。他还是个孩子！方达暗自感叹，而她的所有经验都来自成人。

2.

父亲自称儿子的委托人并非撒谎。他不仅是他的委托人，还是他的私人侦探，听众，投资人，医生。这些身份使他无愧于父亲的称号，而父亲的称号又让他不得不背负起儿子的罪名。现在，为了恢复他的清白，父亲顶着巨大的压力，选择了摆在他面前的唯一道路。他要让事实证明，他的儿子既不是同性恋也不是性无能，他是高手，是了不起的男子汉。

而这条唯一的道路是：让专业人士鉴定并唤醒儿子沉睡的潜力。为此，医生父亲不仅自掏腰包为这位被选中的女士严格测试了健康状况，还额外从他的养老金中拿出两千块交给她。"这是定金，"他说，"请你记住我的话,好好表现,我会再来找你。要知道,对我的身份而言,做出这种决定可不容易。"

父亲是认真的。为了这个决定,他刚刚把一桶脏墨准确无误地泼到自己维护了六十多年的尊严的白墙上——在他的人生中,从未为得到那种服务花过一分钱。这和吝啬无关,而完全是因为面对诱惑,他能像个男人一样用毅力抵抗。早在他还是单身汉时,热情的同事就暗示他这种地方能让人大开眼界。但他当即回绝了,因为他不想冒险。一旦被抓住,像约翰·霍普金斯大学医院那样的机会就绝不会轮到他。现在,人生再次向他发出考验,不同以往的是,这回不是诱惑,而是真正的危险。父亲则用同样的男人的毅力迎了上去。当然,这次的事情全是为儿子安排的,但父亲并不想以此为自己开脱,因为这笔账将像所有过往的旧账一样记在他的头上。正是出于这个原因,从他把定金付出去的一刻起,那个污点就砸在了他人生的墙上。在失落中,父亲感到一种大漠落日的悲壮,他默默数着自己已经为了儿子做出的众多牺牲,觉得自己像个在无休止的战役中冲锋陷阵的战士。但就算最终会疲惫地倒在血泊中,他也希望能光荣而体面地撑到最后。

3.

方达把衣服脱到只剩下内衣裤了。当她还要继续脱下去时,那个孩子却阻止了她。"先等一会儿。"他手捂着胸口,仿佛正努力把心脏塞回去,"我还有事……下次再来找你。"他几乎还没说完就跑掉了,把方达莫名其妙地落在小房间里。

这是个位于逃生通道尽头,狭窄而拥挤的空间,昏暗的灯光和若隐若现的香气使原本封闭的室内更透出一种与世隔绝的奇异气氛:铁艺窗户的玻璃被一张硕大的国外色情海报覆盖着,正对着房门的墙上挂着一只圆形罗马体表盘时钟,墙角的衣帽架上坠满诡异的皮带和绳索,木制小桌上摆着一套破旧的银器茶具,而一把颇具装饰风格的椅子斜插在桌子下,椅背上搭着方达刚脱下的外套。当然,没有人在走进屋子时会先注意到这些,因为他们的视线以及每条神经都会被那张床调动起来。那是张大到几乎充斥了整个房间的床,而它的华贵更让人惊叹,虽然床铺被一个豪华的玫瑰色天鹅绒罩子严实地套住,但床板上雕刻着的繁复的花草图案和动物造型栩栩如生,仿佛正在期待即将在它们面前上演的好戏。没有人会怀疑这张床是整个房间的灵魂,正因为它的存在,屋子里的每件物品都被镀上了一种别致的异域风情,而即将在这张床上享受极致快乐的客人们,你们将像古罗马皇帝卡里古拉一样,放下虚伪的意志,屈从于最本能的欲望。

方达就势跳到床的正中盘腿坐下,她的头发散乱地炸开,眼角勾画的埃及艳后式翘尾巴和屋里的气氛十分契合，泛旧起球的天蓝色蕾丝胸衣和黑色三角内裤虽然不属同款，然而在里面憋屈地忍受挤压的丰胸肥臀弧度却惊人相似。她还不到二十四岁，但结实的块头和老练的做派完全不输于任何一位在漫长的婚姻生活中永不屈服的妇女。事实上她的确是和男人运筹帷幄的行家，不过在她丰富多彩的职业生涯中，客人临阵脱逃这种事还是头一回发生。

她一边整理头发一边反复梳理整件事情。从那个孩子走进发廊时起，她便完全理解了他的委托人的暗示——这位女里女气的小伙子的确需要改变。迈向男人的第一步从剪短他的长发开始。尽管他在理发时全程痛苦地紧闭双眼，仿佛她真正的目的是要剪断他的喉咙，但可以肯定的是，崭新的短发造型卓有成效，因为他看起来至少不再像个愁眉苦脸的小姑娘，而变成一位初出茅庐的小伙子了。委托人离开后，她告诉他头发还需要再清洗一遍，并示意他起身跟着她走。但她并没在冲洗池边停下脚步，而是抛给他一个意味深长的眼神，然后径直推开暗藏在展示柜上的门穿了过去。她在暗门另一侧足足等了一分钟，直到确认他根本没领会这层用意，才又不得不从里面推门出来，却几乎把他撞翻在地——他竟然一直站在这面镜子前欣赏自己的新发型！她试探性地勾起他的手，用手背抚摸他的脸，并使出从未失手的勾魂指法把他的零散头发顺着耳郭轻轻撩动，直到他倔强的眼神松动，才

罕见的爱 | 097

终于乖顺地跟随她来到这间不见阳光的小屋。当然,一切从她竟然像小女孩一样面露羞涩时便搞砸了。虽然这位年轻的客人看上去完全不是她的对手——无论从体格上还是性格上——他本该老老实实被她捂在屁股底下孵化成长的,可他就这么匆匆跑了,仿佛突然间意识到自己走错门似的。

"下次再来找你。"那个孩子最后说。但方达觉得他只是在慌乱中找了个搪塞的借口。虽然她并不介意再见到他,但是他的确不属于这里,而从这个角度讲,他在大动干戈之前离开也未尝不是好事。想到这,方达从床上重新跳回地面,把搭在椅背上那几件衣服重新穿了起来。

4.

当米亚绝望地问"你爱我么"之时,她渴望的不过是摘到那朵山谷中的玫瑰。当那位素不相识的女人在他面前毫无顾忌地脱到只剩内衣时,她的下个任务也是摘到同一朵玫瑰。由此可见,无论女士们对他是陌生还是熟悉,都无法改变一个先天的固有认识:作为男人,他没有理由只把那片玫瑰谷留给自己。

但K的确有他的理由:他深信自己会死在那张床上。不论是米亚的床还是那个女人的床,无论是形而下的死还是形而上的。只要他最终被对方缴械,就会以最难看的方式死在她们面前。而一想到这悲惨的结局,他便像停不下来似的撒腿就跑,先是从米亚的床上侥幸逃脱,接下来又从发廊连滚带爬地跑了出来。

然而他究竟在害怕什么呢?没人在他身后穷追不舍,也没人沿路向他扔石头,他为什么就不能保持体面地、理直气壮地拒绝连她们自己也说不出口的要求,然后昂首挺胸地离开她们的床呢?

答案在他震惊地发现成人用品商店橱窗里壮观的香槟塔时就非常明白了。那奇幻的景象宛若一座高山,只有经验丰富的探险者才能甩开大腿勇往直前,但他即使混了进去,也不得不夹紧双腿,两手不由自主地交叉起来护住胯部——因为成人世界的通行证就藏在那两胯之间,而他的证件几乎完全失效。于是当这位影子式的头号敌人对他展开围捕时,他就一刻也停不下来地展开逃亡。

K以为他终究能在时间的默许下恢复平静,但事实上,那个陌生女人带给他的刺激竟然远比以往任何时候都要强烈。这使他为自己习惯性的仓皇出逃感到羞耻,并平生第一次惊讶地意识到,比起死在床上,逃跑的做法其实更坏。K再度悲哀地感慨自己的命运和那位一门心思进入城堡的土地测量员没什么两样,因为他们都被一堵厚重的墙挡在外面。在他那座迷宫式的城堡里充满曲折复杂的通道,被困在通道尽头的是他不伦不类的相貌,尖利的嗓音,柔软的喉咙和停止生长的花生米。但这一切只是维护迷宫核心的图腾,因为城堡唯一受理的事件将永远受到保护,那件事就是性。

现在 K 明白了,他之前正是在那个女人的注视下从其中一条最神秘的通道中落荒而逃的,而令他克服初始的犹豫跟随她走进通道的吸引力也源自那种神秘——那是条通往城堡核心的捷径,如果能经受住那间屋子的考验,他就能进入城堡。

K 决定冒险。既然通行证的确存在,那么他就没有理由不去为得到它做点儿什么。

5.

当这个畏缩的孩子再次出现在发廊里时,方达不禁发出一声感叹。她并不觉得自己像见到回头客一样高兴,反而像碰到了曾经被她吓走的流浪猫似的怜悯起他来。因此,当她加倍小心地引导他再次穿过逃生通道走进那个房间后,并没着急脱去衣服,而是凑上前吻了吻他。她还抚摸着他的头发,轻声细语地在他耳边说些俏皮话,仿佛如果不这么做,这只可怜的小动物又会像上次那样倏地跑掉。

方达已经很久不接吻了,在过去的交易中,接吻甚至是明文规定的禁令,因为谁都知道肉体可以出卖,而爱情无价。事实上,当她看到他坐在床上瑟瑟发抖时,就决定应该为他破例。这个孩子需要一个像热茶一样的吻,她想着,并及时殷勤地献上她的好意,但他的双唇僵硬得简直要用石头才能撬开。

直到他叹了口气,方达才感到他活了过来。"我们能开始了么?"她看了看墙上的钟,客客气气地问。

他喝了口水,然后诚恳地坦白自己没什么经验,并打算请求对方用那些古怪的绳子把他的双脚完全捆住以避免他会再次跑掉。当然,这句话最终没说出口,因为她抢在前面为他打消了顾虑:

"别紧张,让我来慢慢教你。"

她是认真的。怀着从再见到他那一刻便陡然而生的怜悯,这位身体的导师断然放弃表演那套高难度的挑逗体操,而是面色凝重地执起他的手放在自己高耸的胸脯上。看得出,这个举动立刻造成非凡的效果,他的脸迅速憋红,脖子像淌鼻血时一样向后仰起,眼睛随之翻向天花板,可怜的双唇交叠着互相咬住才没发出一声惨叫,仿佛他的双手不是落在一对儿比玉还要光滑的半球上,而是坠入了一口滚烫的油锅。她低下头,注意到他的手指修长优雅,几乎能把她的整个胸部完全包住,而相比起来,自己的手却短小粗壮毫无美感。

"你绝对是弹钢琴的料!"她一边轻轻摆弄他的手指一边发出由衷赞叹,却没料到话音刚落,他就爆发出一阵喘不过气来的笑。

这个意料之外的插曲使得整个教程不可逆转地缩短了。本来，她还想循序渐进地引领他了解女性曲线的每个弧度，但面对这绝不该遭受的侮辱，她改了主意，决定反过来戏弄他一番。趁着他笑出的泪水还没被擦净，她悄悄抽出一只手，向那片玫瑰山谷发起突袭，而这个举动立刻遭到了理所当然的还击。"别碰我！"他尖叫着击落她的手，目光里充满惊恐，"让我自己慢慢来。"

6.

K在握住方达的胸脯时忍不住发笑，是因为这个情景没法不让他联想到幼年时便牢记的钢琴演奏手型口诀：手背向上拱起，五指微微张开，手心仿佛握住一个半球。K仰起头，试图把这个荒唐的联系驱逐出大脑，却没想到一只鹰向他的神秘山谷俯冲下来。他吓坏了，禁不住惊叫起来。

趁着笑意被赶跑后的片刻沉默，K像是刚来到这里似的环顾四周，并得以观察到床头精致的镂空花鸟图案异常熟悉，这使他想起那家名为"鸟语花香"的商店，而获得成人世界通行证的梦想再次像伤口般冒出鲜血。学着电影中的样子，他竭力从她的身体中搜索能调动起欲望的素材，无论是被玫瑰色天鹅绒被罩虚掩的小腹还是那条伸向他的紧实大腿，无论是她肥美的臀部还是那对并不好笑的半球胸脯。K屏住呼吸眯起眼睛,试图放大这些裸露镜头所能激发的效力,但除了手心冒汗外,他的身体平静得就像被注射了过量麻醉剂。"花生米"一动不动,仿佛已经被那只鹰叼走一样,完全没有任何反应。

K决定向极限挑战。他拉住她的手,引导她顺着他的身体深处缓慢摸索。这是他第一次允许别人如此亲密地探究他的身体。在想象中,抚摸是神圣而令人战栗的,但事实上,他的所有精力都再次被用来控制住笑意,因为一种奇特的痒像漏电似的顺着她的手指迅速在皮肤上蔓延,而直到她的手完全置于谷底,痒的总闸算是被找到了,他无法控制地发出一种比刚才更加过分的、花腔女高音式的抖动的笑。虽然他尽量在笑的间歇断断续续地向对方道歉,努力扳正自己滑稽的脸,但一切尝试都无济于事,直到她不得不披上衣服走出房间,他才逐渐把笑止住。

"孩子,你一直都是这样么?"方达返回房间时看上去忧心忡忡。

"不,这是第一次。"K异常尴尬地回答,"我没想到会这么痒。"

"我说的是勃起。你在这方面有问题?"

K没想到她会如此直截了当,他惭愧地垂下头。

"一次都没有过?"

他的肩膀也掉落下来。

她发出一声同情的叹息:"也许你真该去找人看看。"

"找谁看看?"

"根治疑难杂症。"方达向他挤了挤眼睛。

"不,我不信那些。"

"为什么不去医院做检查呢?"

"也不行,父亲不会同意的。"

"他不同意?他不就是医生吗?"方达刚说完这句话就后悔了。她走到小木桌前,把那套银茶具摆弄得叮当作响。

"你怎么知道他是医生?"K警惕地问。在他的印象里,父亲只把他交到她手上理发。他甚至没用正眼看她。

方达就在这时用一组绵绵的亲吻把话题引开了。但从他疑惑的眼神中,她担心他一定猜到了什么。

7.

K曾一直怀疑印有根治疑难杂症的小广告是种独特生长的藻类。不仅因为这些惨白的纸片总是在雨后的清晨神秘地挂满树枝和电线,均匀地粘在人行步道的每块石砖,而且还能在无人理会的自行车车筐和汽车雨刷器的缝隙里无限繁殖增长。

但直到有一天,当一张卷成纸筒的广告被生硬地插进K的虎口时，他吓坏了，因为那个塞给他广告的陌生人眼睛里透射出洞察一切的光芒，仿佛他是肩负向他传递神秘信息的天使。广告的标题是"特效一次根治"，在这句郑重的宣誓下，列有二十种让人读起来脸红心跳的疾病，写在最后的是一段体贴入微的承诺："为患者保密，免费咨询，包治包好，无效退款。"虽然这则广告完全违背了K对于严肃的医疗事业的崇敬，但他还是怀着核对考题答案的忐忑心情找到一个角落，躲在那里反复研究被罗列出的二十种疾病。令他既欣慰又困惑的是，在这些病症里，竟然没有一条能解释生长迟缓，而那些标志性的可怕红疹和炎症显然从未在他身上发生。K抬起头看着过往的人们，想象着他们或许正是被这张纸条不幸言中的患者，而此刻也不得不像他一样默默承受难以启齿的痛苦，便立即感到他并不是唯一被世界抛弃的倒霉蛋。

很久之后，当K在父亲的带领下来到周末的城市广场时，他再次强烈地感受到了世界的仁慈。广场上挤满了情绪高涨的老年人，他们像是达成了统一协定似的，头上顶着旅行团免费发送的网眼帽子，身穿透气性能良好的运动衫，手里摇着扇子，眼睛里饱含着生意人特有的深情目光，用他们的生命担保那些被像圣诞节的彩灯一样密集张贴起来的，精辟概括了他们的孩子人生成就的纸条。K凑近纸条阅读，他吃惊地发现，这些文字竟然沿用了根治疑难杂症广告的一切精髓，蓝字表示男（科），红字表示女（科），描述症状的文字虽言简意赅，却字字珠玑地引人浮想联翩。K不敢相信这个了不起的城市中竟然还有这么多年轻人面临孤独终老的厄运，他激动得面色潮红，像曾经一样，暗自庆幸自己不是上帝唯一的弃儿。

父亲指着不远处说，你的信息在那里。一种不祥的预感顿时击中了K，他屏住呼吸走过去，这才发现，他竟然是小众区域"艺术角"的首席。但是谢天谢地，像所有其他不幸感染了大龄未婚症的患者一样，他的名字也被省略了，并以蓝色"钢琴男"的形式出现在广告最前面。K反复读了几遍正文内容，直到他确信这些描述绝不至于暴露他经不起推敲的身份时，才闭上眼睛虔诚地默默感谢上帝。

8.

K在医院的走廊里来回踱着步子，超声波检验报告将在二十分钟后送到医生手中，他感到自己的生命绝不会超过这一千二百秒。

他是被父亲强行带到这儿来的。为此，除了感到世界末日之前令人绝望的焦灼，K还对自己毫无底线的顺从而羞耻难当。要知道，因为害怕被宣判死刑，他躲避这个被告知无情真相的时刻足有十年。而父亲甚至并未解释为什么会突然提出带他来医院，他只是说：

"在得到结果前，不要把这件事告诉你的母亲。"

当然，早在和方达的对话中，他就隐约感到父亲似乎早以一种旁观者的身份参与进来。虽然他不愿相信确有其事，但也正是这一点点微弱的可能性使他觉得自己已经被抓住了把柄，而此刻只能面对再也躲不过去的结果。自从那张不幸的"钢琴男"广告被张贴出来，他就完全明白了自己是父亲最沉痛的心病。他在那时就应该来做检查，但比起父亲，他更害怕医生。

就在刚才，K和父亲共同坐在会诊室里面对医生。尽管医生明确示意父亲可以出去等待，他却目光坚定，用送行死刑犯般的凝重口吻说："我相信他会在我的陪伴下更加放松。"然而父亲显然高估了自己，因为当医生检查儿子的生殖器时，他像见了尸骨一样扭过头，痛苦地捂住眼睛——儿子的两条瘦腿之间不仅并没夹着一对铜铃，而且坦荡得连根毛发都没有。当医生核对儿子的遗传病史，并目光严肃地望了他一眼时，他不得不手扶住墙角防止晕倒。而当医生询问儿子的勃起情况，得到的回答却是"从未"时，他几乎是凭借意志强忍住血管的爆裂才没有倒地中风。这太残忍了，父亲悲哀地想，那记曾经捶在他胸口的重拳竟然是公正的。

现在，他们又重新坐在刚才那个位置上。医生神色凝重，手里拿着那张决定生死的检验报告准备宣读。

K把脑袋缩进脖子里,双手拼命搅在一起,但小心翼翼地避免从骨头里发出声响。他很肯定自己马上就要完蛋了,在死亡证书上他的肖像要么会被印成怪胎,要么会被印成货真价实的女人。

"你的生殖系统有障碍,睾丸严重萎缩,按照目前的情况肯定无法生育。"医生责备地轮流看了他们一眼,"你们怎么不早点儿来呢!"

父亲的脸色完全变成了乌青色,他的眼前模糊一片,万物凝结成一个飘浮在空中的句点,而他知道,它将最终落在本应被无限续写的家谱的最后一页。K并没有看父亲,他的心头一紧,不敢确定这不太坏的结论是否能算作尘埃落定。

"回去吃点雄性激素吧。"医生扒开口罩,边补充病历边说,"两个月之后再来化验精液。"

"化验什么?"父亲像被从梦中惊醒似的站起来叫道。

"精液,如果有的话。"医生重新瞪了父亲一眼。

9.

作为医生,父亲一向对生殖科、泌尿科、肛肠科这些和下体打交道的科室颇有微词。在他看来,只有几乎被医学院严谨的教学制度淘汰的学员才会沦落到这种下场。而事到如今,他不得不放下尊贵的前呼吸内科主任架子，作为一位名声低下的不孕不育症患者的父亲，毕恭毕敬地接过由这位昔日败将开具的配方和良药。

不管怎么说，父亲愿意相信他人生中最后一次恢复名誉的权杖正完全掌握在这位生殖科医生的手中，而他不仅给了他希望，还给了他的儿子药和时间。这不得不让父亲记起儿子在婴儿时期的一段重要经历。生于剖腹产的儿子曾在六个月大时被怀疑为先天性髋关节异位，而这意味着如果不及时矫正，他可能会成为瘸子。当时，父亲从儿科医生手中得到的同样是两个月时间和一打胶囊，而他在接下来的每个清晨，都一丝不苟地把这两样东西搅拌均匀，就着奶和蛋黄一起喂进儿子稚嫩的嘴里。于是当两个月期满，儿子健康的好消息如期而至时，父亲并没有想象中的狂喜，他只是在长期的精神重压下感叹，时间比想象的更长。

两个月和一打胶囊，这绝不是配方的巧合，而是命运的暗示。既然儿子没在一岁后靠拐杖走路，他就同样能渡过这次难关，并在未来的岁月中成长为真正的男子汉。

10.

K简直想膜拜这些黄澄澄的透明胶囊了。每天早上就着温水吞下一粒药时，他都会比前一天更感到惋惜，两个月时间太短，他真希望医生能把游戏规则设定为两年或是更长。

倒不是他已经体会到了威猛的雄风，而是父亲彻底由雄狮变成了雌鹿。当每天早上提醒服药的电话铃准时响起时，当他瘦弱的手臂不时被一双慈爱的大手捏上一把时，当他和父亲亲密地走在街上，窃窃私语地对往来的姑娘评头论足时，那个温柔可爱的男人让他不得不感叹，父亲变了，而被自己服用的雄性激素似乎完全提炼自父亲本人。

但让 K 无法摆脱紧张情绪的是，药效并不显著。一个月很快过去，他的身体却没产生丝毫变化。此外，K 并不确定自己在期待什么，他很清楚医生要检验精液，但就像熔岩要从火山喷发，精液的产生也必然涉及一场至关重要的身体剧变。然而时间过半，剧变毫无爆发征兆，以至 K 怀疑这种变化不会像日食一样循序渐进地演变，而会像地震一样在两个月到来那天准时让他的身体打晃散架。为此，还是体贴的父亲用专业知识安慰了他。父亲说，任何药的药效发挥都具有峰值，在到达峰值之前，原有症状不一定会得到缓解。父亲还提到他婴儿时期那次险些被确诊的髋关节异位，在那两个月中，没人能用肉眼看出他有任何改变迹象，但在两个月后的 B 超检测下，他从瘸子变成了正常人。

父亲果然说中了。那个峰值在一个月零三天的时候化作一缕春风，先是为 K 光秃秃的山谷三角区栽上几根嫩草，然后又在他的下巴撒上几株充满希望的树苗。等到这些种子明确无误地向生长为田野迈进时，和煦的春风变成了让生命力觉醒的夏雨，K平生第一次感受到勃起。那是个他从十三岁起便梦想经历的时刻，而为了获得这个体验，他甚至发誓愿被剥夺弹琴的能力。但就在那个被幸福突然敲门的清晨，K在巨大的喜悦中却感到失落——这或许正是他从书上了解到的"空虚感"——幸福的时间太短暂了，以至于他需要消耗一上午回味，才能确定那不是药效副作用造成的海市蜃楼或者蚊虫的叮咬，而的确是一场真实的充血。但当幸福第二次光顾时，显然，它没有着急离开，而是无比慷慨地在那片不再荒芜的田野里停了一会儿。K就是在送走它后把喜讯告诉了父亲。令他格外感慨的是，当晚和他举杯相庆的不只是激动的父亲，还包括少言寡语的母亲大人。"老天保佑我们！"这是母亲在绞尽脑汁之后提出的完美祝辞。"老天保佑我的儿子！"父亲深沉诚恳地说。一家人心怀感激地把杯中的酒一饮而尽，然后又充满希望地为彼此倒上新的一杯。

奇迹不出意外地翩然而至，因此，当被医生预言的时刻在一个月零三周便提前降临时，K平静地接受了它。比起那摊黏在指尖的液体，倒是在它排出体外前的憋闷感更让人印象深刻，因为K一度紧张到手指僵硬，而如果他不能成功地让这个没见过世面的顽固家伙愉快地呼吸,他和它都得被那泡体液憋死。

此时,历经万难的K已经看上去和从前大不一样了,他的脸部轮廓就像被用砂纸认真打磨过似的,从柔和的椭圆形变得棱角分明了不少。他手臂的线条也不再笔直柔顺,而是隐约隆起了几块生动的肌肉疙瘩。而最明显的改变来自他的声音,因为他听起来完全像是个半大小子——为此,他甚至常在张口说话时先被自己吓一跳。

当然,除了外表上的变化,他也觉察到心里逐渐松动的一块冻土——他开始想念米亚,并几乎不能自持地怀念她的吻了。这感觉并不是曾经对"爱情的味道"的刻意追求,而是像微风一样变化无常的冲动,一种难以克制的欲望,以及在头脑中挥之不去的让人脸红心跳的胡思乱想。他知道这恐怕也是药效的一部分,却并不介意沉浸其中。

总之,一切接近大功告成,K总算能够毫不惭愧地称自己为父亲的儿子,父亲总算可以光明磊落地称自己为儿子的父亲了。在两个月即将过完的那天,父子俩再次来到医院,他们像见到救命恩人一样对医生殷勤致意,但医生像上次一样面无表情。他交给K一支试管,示意他用实力将它填满。K做到了。为此,父子俩简直是在忐忑和兴奋的蜜罐里等待领取毕业证书。没到二十分钟,他们又坐回那个位置。这是他们第四次坐在这里,面对同一个人,而这个人比得上创造人类的上帝。上帝开口了,父亲双手合十,儿子的十指紧紧插在一起,他们盯着他的嘴唇等待箴言,因为他这次没戴口罩。

"你的精液里完全没有精子。"医生说,"现在一个也没有,以后应当也不会有。"

天轰隆塌了下来,就像个不透气的罩子似的,把父亲和儿子埋在这奇迹迭起的两个月的最后一天。

身体的剖析

1.

身体的奇妙之处在于,它既能奴役精神,也能心甘情愿做精神的俘虏——一切取决于它的立场。在这点上,身体和精神不分高下,它们是平等的,享有同样的话语权,当一方升值或贬值时,另一方也免不了受到连带影响。

不同之处在于,身体与生俱来,而精神在教育中获得。因此,当婴儿皱着眉头拒绝送到他嘴边的美食时,他并不为辜负了母亲的一片苦心而愧疚;当孩子们神气活现地模仿大人的神态说脏话时,他们体会不到那些被模仿的人的面红耳赤;而当K羞涩地把确定无误的勃起事件向父亲汇报时,父亲罕见的深沉祝福令他感动。但遗憾的是,那并非出于为他迟到的青春期的庆贺,而是对指日可待的生育仪式重燃希望。

那么,身体和精神是否经常相悖?K的身体是否长期背叛了他的精神？身体老化的父亲的精神是否老化得更为严重？方达的身体是否应当和她的吻遵循同等的精神洁癖？而谁是真正能解答这些问题的权威？

这并不是文字游戏，也并不只针对故事中的人物，而是在现实世界中奖赏或惩罚我们的思想道具。在进一步探究上述问题之前，我们可以先阅读一段米歇尔·福柯在他的著作《性史》中收录的内容。至少，古希腊的先哲们已经对身体和欲望的关系做出了严谨的剖析。

"阿芙洛蒂忒（Aphrodisia）是能产生某种快感的动作、姿势和接触。圣·奥古斯丁在其《忏悔录》中回忆了自己年轻时的友谊，强烈的感情，与人一起度过的时日里的快乐、会话、热情以及大好时光，他怀疑所有这些是否与肉体，与把我们的肉体联接起来的那种'黏液'无关。但亚里士多德在其《尼可马可伦理学》中，想确定该把哪些人叫作'自我放纵'时，他对自己定义的限制性是极为谨慎的：'自我放纵'（akolasia）只与肉体的快感有关；在这些快感中，视觉、听觉和嗅觉的快感必须除外。'喜欢'（charein）色彩、女人的线条或者绘画，或者喜欢戏剧和音乐，这些都不能叫作自我放纵；人们在欣赏水果、玫瑰和熏香的香气时，并没有放纵。亚里士多德在《欧德米伦理学》中接着说：'任何一个全神贯注地观看一尊雕像或听一首曲子，并因而失去做爱兴趣的人，不应被责怪为放纵，而应像对待一个被塞壬（Siren）的歌声所迷住的人那样。'因为只有在抚摸和接触的情况下，才会有易于导致放纵的快感：如与嘴、舌、喉的接触（产生饮食的快感），与肉体的其他部位的接触（产生性的快感）。此外，亚里士多德还说，在身体表面所体验到的快感的情况下，若怀疑是否有放纵行为是不公正的。如在健身房中，用按摩和热敷所产生的快感却是高尚的。'因为，自我放纵的人的接触，其特征是不作用于整个身子，而只是作用于肉体的某些部位。'"

2.

虽然 K 为接二连三发生在他身上的变化而百感交集，但他并未从中体验到"快感"。当那片平静多年的山谷中突然窜出一只顽皮的兔子时，他反而吓了一跳，仿佛那个竖起的部分不是他苏醒的身体，而是一截赞赏奇观的大拇指。

K 把他无法获得愉悦的原因归咎为过于紧张的治疗气氛。就像病人绝不会把糖衣药片当成糖豆品尝，在这场需要拼命赢取的计时赛中，K 也从未把每个崭新的体验当成迟来的本能，而只不过是令人瞠目结舌的疗效。因此，在幸福邀请他共舞时，他理智地提醒自己不能沉溺于虚无的感官世界，并以旁观者般的平静为幸福的独舞设置秒表。药力有限，峰值正在下降，固有的能量绝不能被放纵和挥霍。

唯一的例外是 K 一想到曾经浸透爱的味道的疯狂的吻，内心便会像着了火似的热烈燃烧。而当这火种最终变成照亮那片安静山谷的火炬时，K 意识到那些雄性激素不仅进入了他的神秘谷地，还顺着庞大的树状动脉流进了他的心脏。

在此，感谢福柯先生在论证身体的欲望时提到听觉带给人的快感。事实上，这恰好能如实描述 K 在此时的心理改变。服用激素前，K 认为只有音乐才能带给他真正的"高潮"，无论是肖邦还是肖斯塔科维奇，无论是爵士乐还是摇滚乐，都能不断给予他最炽烈的感情指导，并教会他如何在爱的表达中注入起伏的节奏。但当他的身体工厂终于停止生锈时，当被回忆和感慨共同合成的"爱"汨汨从车间的管道流出时，他不得不承认身体的节奏比音乐的节奏更有弹性，因为伟大的音乐并不是爱的老师，而是模仿它的谦虚的学生。

因此，比起那些唐突的生理变化，K 更着迷于这种由微妙的心理转变激发出的身体反应。它们是立体的，柔情的，多愁善感的，而更重要的是，它们是个不该分离的整体。只有在那个时刻，他的身体和精神才像从未彼此背叛过似的，步调一致地奏响它们旋律动听的二重唱。

3.

身体对于父亲并无神秘可言,它是皮囊下的肌肉和骨骼,是生物的外科实质。作为医生,他叫得上每块肌肉的学名,从手腕的脉动中摸得到疾病的轮廓,还能在被切开的胸腔前冷静地单手钳住快要爆裂的血管。事实上,常年悬挂在他书房墙上的装饰画正是这么个场景,那是张人体解剖图,而他曾对儿子说,这是医生的世界地图,万物的奥妙都藏在其中,但渺小的人类只了解冰山一角。

令他遗憾的是,儿子从小就流露出对这张世界地图的恐惧。无论他怎么耐心培养他的胆量,都无法阻止他在那些令人惊叹的人体器官面前浑身发抖。只有音乐能让他平静,于是父亲同意送儿子学习钢琴。事实证明,这是个让他后悔一生的决定,因为自从儿子被音乐的细菌严重感染后,他便没当过一天钢铁般的男子汉。他先是空长一副套不进铠甲的身板,然后索性成为一个不可救药的娘娘腔,被人指控为同性恋,最后被确诊为可怜的无生育能力患者。此刻,最让父亲感慨的不是曾昙花一现的儿子的勃起,也不是他舍不得剃去的挂在脸颊的软胡须,而是就在儿子服用激素后不久,他的声音出现了变化,那个令人生厌的娘娘腔中夹带出一种微妙而感人的沉着和成熟。父亲就在那时后悔他没能早点儿从儿子离谱的声线中辨认出那些病症的信号。因为他从未以医生的身份趴在他的胸口仔细聆听，而是以父亲的目光，挑剔地面对这件本该是人生杰作的作品。于是在他耳中，儿子尖锐难听的嗓音是故意和他对着干的恶作剧，而唯有捂住耳朵，他才能避免自己不被气昏了头。

多年前，在父亲被一场旷日持久的咳嗽百般折磨后，同样是突然变化的声音让他看到一种征兆——当他浑厚有力的男中音干枯成沙哑拖沓的老年腔，嗓子里开始冒出吐不尽的浓痰，即使吞下滚烫的茶水也无法冲淡那些埋藏在喉咙深处的污垢时，父亲明白，时间老人已经步入他的体内，并把他人生时钟的表盘从优雅转圈的罗马数字石英钟换成了只能做倒计时的阿拉伯数字秒表。但父亲不愿认输，他披上鲜艳的外套，信心十足地让晚年生活在和妻子的短途旅行中愉快度过。不久之后，他被拳王打倒在地，在虚弱的喘息中，他向世界正式展现了自己的衰老。但即使如此，希望尚存，雪耻的斗志激情澎湃。然而此刻，父亲明白他和衰老的斗争已经终结，因为世界不只抛弃了他的肉体，也掐断了他的精神寄托。而除了悔恨作为父亲的失职，作为医生的盲目，以及作为委托人的荒诞——他真希望自己从未让那个女人帮过忙——但父亲再没有力气和任何事抗争了。在这场突发的让时间坍塌的事件中，没有谁为他事先准备好幸运的急救箱，再没有什么能被重建，时间越走越慢，而他的余生将在悔恨和孤独中度过。

4.

方达第一次在 K 面前脱掉上衣时感到了久违的羞赧，这种突发的情感直接影响了她的临场发挥——在手忙脚乱中，她的头发和扣子卡在了一起。而在他们第二次见面时，她甚至完全忘记了之前的尴尬，索性从一开始就为对方主动献上不同寻常的吻。方达为自己的反常感到震惊，因为她完全打破了那个严苛的规矩。她为此而不得不检视内心，反复寻找能为自己开脱的理由。

规矩即她的精神洁癖。虽然她入这行并不是出于对爱情的报复，但是像其他姐妹们一样，她幻想结束这场职业生涯的理由却是出于爱情。事实上，方达甚至从未认认真真地恋爱过，而正是这点最来之不易，因为谁都知道，肉体有价，心灵无价。为此，她像个苦行僧一样固执地守住她的原则不放：只做爱不接吻，只放纵肉体不惊动灵魂。她从未打破这个禁令，因为深信有朝一日，当那个让她陷入爱情的人享受到她像冰山融雪般纯净的吻和透明的灵魂时，他将在这个无菌的领土被加冕为王。他还将在这旷世罕见的荣誉中流下泪水，感叹最伟大的感情不来自真假难辨的守身如玉，而来自在身体的酷刑中经受考验却依然保持少女情怀的高贵精神。

幸福降临前的征兆——应验——羞赧说明她的灵魂从麻醉中苏醒，献上的双唇无法抵赖，她动情地亲吻了一名年轻男士。那么，是能够把纯真的感情从罪恶的枷锁中解救出来的爱情到来了么？不是。方达永远无法忘记K惊恐的神情，他并不对感官的刺激抱有幻想，而只是被不知什么事情吓得瑟瑟发抖。因此，女人天生的同情心被激发了，等待被爱情解救的方达反而奋不顾身地解救了一位被困的孩子。

想到这，方达的心又软了下来，她并不为自己的举动后悔，并相信命运也不会只和她的身份斤斤计较，而忽略她内心深处值得赞颂的乐善好施。总有一天，真正的爱情会出其不意地降临，它将最终帮她赎罪，把她带向美好的远方，在那里，她的身体和精神都将享有同等的清洁。

5.

在坍塌的现实面前，K显然比父亲提前从昏迷中苏醒过来。而就在父亲仍处在巨大的悲痛中不省人事时，K奋力扒开压在他身上的石块，独自在黑暗中寻找出口，并感到一种久违的轻松。只有他自己明白其中原因：倒不是因为他对医生给出的结论毫不在意，而是因为他又开始独自前行了。

在《城堡》世界中，土地测量员的身后总如影相随地跟着两个助手，他们对他的一举一动密切关注，甚至熬夜坐在酒吧的柜台上观看他和女朋友弗里达亲热。事实上，自从方达建议 K 去看医生时无意说漏了嘴，K 便隐约感到了父亲正在监视他的可能性。而糟糕的是，他并不认为这个假设离谱，而是悲哀地承认其存在合情合理。在令他自己都感到屈辱的顺从中，他迅速重温了自己在神秘小屋中的表现，并为那阵止不住的大笑感到胆战心惊。K 知道，父亲对滑稽的场面深恶痛绝，而假如他真的已经透过一些墙上的小孔或者屋顶的破洞看到了那一幕，他必定已经对他这个没用的儿子彻底失望了。

而同样的，当 K 在服用药物之后预感到身体的快感即将来临时，虽然房门紧锁，电话线被全部拔掉，他却仍然故作坚强地抑制住一阵又一阵想要喊叫的冲动，在绝对的安静中用旁观者的目光观察幸福的独舞，只因为他相信这是最受父亲推崇的方式——病人无权享受，只能静养，因为偷尝的禁果会让已经取得的成果付之一炬。

现在，他总算无可救药了，父亲总算能彻底放弃他了。想到这，K 不禁长舒一口气，感到自己仿佛终于结束了在水底的长途跋涉而重返陆地。比起不能生育的严峻结果，这显然更值得庆贺与狂欢。

K 的狂欢

1.

米亚实在不敢相信，眼前这位标致的男人和她的缪斯是同一个人。两个月前，当她收到他绝望的告别信时，尽管信的内容隐晦而简短，那上面的每个字却都表明他将独自直面旷世孤独的决心。米亚带着这封信去了几次棉花俱乐部，均被告知他正处于长期休假状态。她只好把这张纸对折四次后塞进布列松摄影图册的中页。无论如何，她感到自己应该对他的逃离负责，而一想到这，她就寝食难安，仿佛那些曾被随手播撒的爱的种子却在无意间长成毒草，并让那个误食的可怜人一生都在毫无意义的痛苦中遭罪。

但是就在此刻，在她的摄影棚里，那位曾杳无音讯的人看上去完全不像是被爱情折磨得失魂落魄，反倒因为红润的气色而显得神采奕奕。事实上，米亚完全是凭一种模糊的印象认出他的，因为他眼神中像小姑娘一样的腼腆消失了，取而代之的是过来人的笃定；他脸部的线条也不再光洁柔顺，而是像嘴里含块糖果似的扭曲生硬；但最不可思议的是，他剪短了头发，却蓄起了一撮绝对不应在那张脸上出现的胡子！米亚为这处变动感到气愤，她想起自己曾经用尽各种花招哄他开心，只为在他干净的脸上描上一道假胡子，却总被他闪身躲过。然而现在，很明显，他神情中的坦然表明他为这些变化感到自豪，而他微微抽动的嘴角似乎正在暗示所有改变都是为了取悦她的芳心。米亚对这一点尤为抵触，因为如果他真这么想，那么他为这场奇异的易容术花费的心血无疑将全部付诸东流。在这个世界上，米亚最讨厌脸谱化，而他现在的脸和那些唾手可得的男模特的脸之间似乎只差几道勾勒轮廓的阴影了。

"你变了，"她说，"变得我都不认得了。"

K难以从这句中肯的评论中摸到风向。他在屋里谨慎地踱着步子，尽量避免碰到那些由于多日不见已经如古董般苍老的设备，仿佛与它们的碰触会迅速将他拖至过往。但无论如何，有一点确定无疑，他将把在医院发生的一切作为秘密保存起来，而倘若她非要问起这些变化的原因，他只能告诉她四个字：

"一言难尽。"他说。

米亚为她听到的声音吃了一惊，并再次将他仔细打量一遍。终于，从那双无辜下垂的漂亮大手上，她认出了他。她忍住追问的冲动，悄悄用布把摊在桌上的一组照片小样盖了起来。在K失踪的这两个月里,她已经为他找到了新的替身。虽然那个模特绝比不上K在第一眼便让她感到的惊艳,也完全缺少与生俱来的灵气,但他乐于尝试一切镜头,而这正是米亚最需要的。

"我这次回来,是为了帮你补上那组镜头。"K说,"抱歉耽误了很久,但我已经准备好了。"

米亚无言以对,像是要立刻在几个求婚者之间做出艰难抉择似的一动不动。他的话让那些沉底的吻又浮出水面,而与此同时,她想起了他孩子气的可爱后背,四处乱窜的肩胛骨。在过去的不少夜晚,她都梦到过一条波光粼粼的小河从指尖穿过,不时有欢蹦乱跳的银鱼从水中跃起溜进她的脖子,再顺着她的脊背穿过衣服的下摆掉回岸上。而她往往就在这时被那冰凉的瞬间激醒,一边摸着后背确认那里是否真的残留了鱼的黏液,一边像弗洛伊德似的思考梦的隐晦含义。

"感谢你的好意,"米亚遗憾地说,"可是你变了,镜头的连续性恐怕已经不复存在。"

"变化并没有那么大,我还是我。"K低声辩解。

米亚摇摇头,她让他站好,迅速拍了张照片,然后把它和几张旧照并列排在显示屏上。"我不知道你是怎么做到的,但镜头不会骗人。"

K探过头去,他惊讶地发现屏幕上的人彼此并不相像,而更重要的是,他既不觉得新拍的那张就是现在的自己，也不想承认过去的那些代表他两个月前的样子。他在这些和他有复杂关系的图片面前迷惑不解，因为事实上，当他试图回想自己正确的样子时，却像位得了健忘症的可怜老人，答案就挂在嘴边，却无论如何无法被说出来。

"但是，那个镜头并不是脸部特写，"米亚若有所思地说，"如果从这个角度讲，我们倒是可以试试。"

K立刻明白机会之门正在艰涩地开启，充满希望地笃定重新返回他的眼中，他几乎是恳求地说出让他下定决心面对镜头的原始理由，"那会是个完美的镜头，你看过就会知道，我的肌肉状态再也不能比现在更好了，而我想请你把它记录下来。"

2.

K脱去外衣，面带微笑地在镜头前站好。由于他的表情像是面对枪口的囚犯在临死前向自由发出的最后致意，他立刻遭到了米亚的抨击。"不要笑，转过身去。"她严肃地命令道。

为了减少尴尬，K特意在牛仔裤里套了条宽松的沙滩短裤，而这一举措果然让他能有足够信心听从她的指挥。在来到这里之前，K专门面对试衣镜仔细检查过自己的身体，得到的结论是，药力尚存，他的肌肉状态的确绝对不可能比现在更好。事实上，在停止服药仅仅几天工夫,他就已经能隐约察觉到身体的变化了。例如,胳膊和胸口上刚被充气的几缕肌肉开始慢慢撒气了,再例如,他说话的音调又像这初春的气温一样开始回升了。总之,在前两个月发生的所有变化都在自动撤销,K不确定这过程会持续几天,但他知道就在不久的将来,灰姑娘的故事将在他身上得到应验——零点来临时,车夫和马匹变回老鼠,一切将恢复到和从前一模一样。

现在,K背对着米亚站着,出于对镜头的恐惧,他肩胛骨上那两块胆小的肌肉警惕地打了串寒颤。这个再次背叛他无畏勇气的小动作令他无地自容,于是他鼓足力量调动起整片后背,让它像片绸子一样来回抖动。但他用健美掩饰胆怯的尝试似乎不合时宜,因为摄影师毫不留情地发出一声叹息。

"你以前不是这样的。"她失望地指出,"无论发生什么,都不该使你变成这样。"

K并不知道就是这两块肩胛骨,曾激发出她绵延的想象,但假如铺满她心底的吻的回忆原本全部由它们引起,那么现在,她真想把那些过往当场清零。就在K炫耀他的肌肉的时候,米亚明白了一个事实:他来找她的目的并不是为了成就那些镜头,而是为了像小丑一样展示被他在这段时间里精心栽培出的幼稚的男子气概。而荒唐的是,那是她的敌人,是她的作品中毫无存在价值的异物。因此现在,无论从哪个角度审视,他都失去了蝉联缪斯宝座的资格。

"拍摄结束,我找不到创作的感觉了。"米亚抱怨道。

K转过身,不知道自己做错了什么,但根据猜测,他认为她的失望情绪完全来自之前那串失败的寒颤。毕竟,在平白无故消失两个月后,他的每个失误都足以成为她的把柄。

"既然你在信里已经把想法写清楚了,就不能再这么任性地出现。这是对我当前生活的打扰,也是对我们本该珍惜的平静回忆的破坏。总之,这么做对我们都没好处,我不知道在你身上究竟发生了什么也不想问,过去的你是我作品的主角,但现在不是了,因为你已经完全变成了……"

她还想继续用更残忍的语言发泄心中的不满,却发现她的嘴被堵住了。像从前一样,K吻住了她,而这次并非是因为他在怀念"爱情的味道",而是因为他的下体已经面红耳赤地命令他必须这么做。尽管这位发令官并非戎马一生,但正是因为这似乎是他担任要职以来在战场上第一次,并极有可能是最后一次发号施令,作为士兵的K才鼓起勇气冲了上去。他吻得如此急促,气喘吁吁,双手拼命抓住对方扭动的身体,仿佛在制服一条在砧板上折腾的鱼。直到他感到她总算放弃了挣扎,并顺从地配合起他嘴唇的运动,才把动作逐渐放慢。默契回来了,他们的吻又像从前那些如胶似漆的时刻一样迫切而诚恳。不知过了多久,当热血褪去,冷静的爱意重新注入体内时,他才完全停了下来,却发现她正用饱含同情的目光沉默地望着他,仿佛他是只濒死的可怜动物,而他这才慌乱地意识到自己并没穿什么衣服,立刻双臂抱在胸前,并对刚发生的一切羞愧不已。

他喃喃地对她说一些道歉的话,并保证今后不会出现这种情况。他还委婉表达了自己的爱,因为他相信她想听到这个曾经欠下的坦白。

"但是我不爱你。"她抱歉地说。

K很难断定她是在赌气还是在开玩笑。就在刚才,她不但清晰而准确地吞下了他的吻,还主动让他吞下了她的。

"吻不代表任何承诺,"她冷若冰霜地望着他,"毕竟,我们不可能有任何未来。"

3.

虽然放弃治疗的话是父亲说出来的,但在这点上,他和儿子的意见不存在任何分歧。父亲为此感慨良多,他特意把家布置得像圣诞前夜,准备了一桌色彩艳丽的珍馐美味,还在享用这令人伤感的告别晚宴前破天荒地邀请儿子听了场隆重的交响音乐会——票是那位送他暗红格子毛衣的病人贡献的厚礼。多年来,这位病人坚持不定期向父亲表达他整存零取的谢意，使得父亲虽然对自己生活的点滴都被病人渗透这件事心存不满，却更愿意把它当成自己无法磨灭的了不起的证明。

然而音乐会一开场就有些奇怪。因为就算父亲这种对世界名曲一窍不通的人也看得出，指挥大人的双手在空中徒劳地抓了三次才得以令所有乐器同时响起。好在接下来的演出还算流畅，虽然空气中总有股挥之不去的糟糕气氛，但父亲坚信这是开场时的失误在他心里留下的阴影。为此当冗长的演奏告一段落时，父亲还是不计前嫌地用力鼓掌，仿佛他的掌声越热烈，越能证明这如坐针毡的两个小时绝没有虚度。

临近谢幕之际主持人走上舞台。"各位尊敬的来宾，请留步。"随着她的声音响起，灯光再次调暗，全场也逐渐安静下来。

"各位来宾，请允许我占用您的一点儿时间，向您真诚地介绍我们今晚演出的神秘嘉宾！不知您是否早已注意到了，事实上他们一直都在您的面前，和我们的市立交响乐团共同为您奉上了这台精彩绝伦的表演！"她的语气抑扬顿挫，手势随着句子的节奏起伏，"来，让工作人员先帮我们请出这几位特殊的客人来到舞台中央！"

十余名黑衣使者从幕后跑出来，自动分成几组深入到交响乐队的丛林。没过多久他们便把那几位嘉宾搬了出来，而当他们高矮不一地排成一排"站"到舞台前时，观众无不感到心灵的震撼。这六个年轻人都不得不扶住双拐才能站立。他们中有的人裤子空荡荡地悬在半空，有的人双腿如同面条一样绵软地耷向地面。

"女士们先生们，这就是我们为了纪念设立在今天的世界残疾人日而特别请到的最尊贵的客人——行者乐团！但今晚让他们聚集在这个璀璨舞台上的不是他们身体的残疾，而是音乐！这几位乐团成员平均年龄只有二十二岁，他们都是此前完全没接受过科班训练，全凭自学达到近乎专业水准的音乐爱好者。事实上，他们是在上周才收到我们这场演出的邀请，却坚持在这么短的时间内完成排练。"主持人手捂住胸口，在说完这话后竟一时语塞，"可能大家也注意到了，演出一开始并不顺利，但我相信大家和我一样都不会对此计较，而更愿记住他们优秀的表现。所以让我们用最热烈的掌声……"

她的话音未落就被掌声湮没了。而在掌声结束前，她把麦克风递到其中一位少年的嘴边采访道：

"这位朋友你好，请问你的年龄是？"

"十九岁。"

"那么你演奏的乐器是？"

"小提琴。我还……"他反手绕过拐杖勾住主持人的手，探着头凑近麦克风迫不及待地说。

"女士们先生们,让我们为他鼓鼓掌!"

主持人又走向另一位年轻人,他的头发油滋滋地耷拉在额头上挡住了半只眼睛,主持人主动帮他把头发别到耳后,但很快就又被他摇晃到眼前。

"这位朋友,你的年龄是?"

"二十六岁。"

"你在乐团中的角色是?"

"竖琴手。"他扭过头看了一眼在身后不远处孤零零的那架乐器,嘴角飘过一丝腼腆的笑意。

"竖琴!啊!这么美丽的乐器!请问你是怎么想到学习竖琴的?"

"我本来并没发现自己对这个感兴趣,但是我的父亲鼓励我做些只有少数人才会的事,所以我从二十岁开始学琴。"

"你有一位伟大的父亲!他一定会为你今天的表现骄傲的!小伙子,你此刻是不是想对父亲说点儿什么?"

"其实他今天也来了,看,他就在那儿!"

事实上在小伙子激动地抬起胳膊之前,父亲就恍惚预感到将要被指认的正是他自己,毕竟在这种场合,还能有几位父亲有资格宣称自己有个二十六岁的残疾儿子呢!因此当他真切地看到那只指向他的手时简直如坐针毡,有那么几秒,他真想从座位上跳起来让一切一了百了。但就在人们的目光开始在空中乱撞时,一位在他身后两排落座的中年男人缓缓站了起来。他身材瘦小,衣着过时,尽管头发乌黑却难掩苍老,脸上挂着在生活中屡遭挫败的人特有的软弱的笑,使他由于看上去和被主持人过度渲染的"伟大的父亲"这个形象毫不相符而使得场面效果真正达到了催人泪下。父亲扭过头冷冰冰地望着那位可怜的替罪羊,猜不透他的笑容只是一副面具还是真情实感的流露。当一个人被迫在众目睽睽之下展示生活的疤痕时,他怎么可能笑着宣布他为这场毫无希望的失败感到自豪呢!

"除了父亲,我的妻子和儿子也来了,我也想特别对他们说一声谢谢!"

那位年轻竖琴手的话音未落,父亲就听到从耳后传来"爸爸最棒"的稚气欢呼,但他已经不敢回头了。不仅如此,他还不敢侧目查看在整场演出保持沉默的自己的儿子。此刻,他把所有的目光都重新投向那位拄着双拐的年轻人,他的下肢从大腿根处就已经严重弯曲走形,但就是这么个可怜的人,却有个活蹦乱跳并且已经能够嘹亮喊叫爸爸的儿子……

"小伙子,你想不想借助这个机会和家人说点儿什么?"主持人再次提醒。

"不用了,该说的都说过了。"竖琴手平静地说。

"女士们先生们,让我们再一次为他们献上最热烈的掌声!就像我们今天的演出所呈现的那样,身体的残缺并不可怕,没有什么能阻挡这些残疾人士融入我们当中，因为他们永远是我们的一员……"

父亲没有加入鼓掌的行列。他的脑袋像突然被抽了真空似的难受，眼前连续冒出阵阵金星。这突如其来的不适使他不得不反复摩挲着热辣辣的脸颊默默感叹，太疯狂了，就算沦落到这种地步，生活依然会给他一记如此沉重的耳光！

4.

回到家，面对那一桌美味佳肴，失去了胃口的父亲用尽量仁慈的口吻颤抖地宣布：

"就算不能生育，日子还是要照常过。"

父亲说完这话便开始不停地流泪，他的嘴痛苦地咧着，准确地接住了倾泻而下的一长串鼻涕。K 就在这时发现父亲长期被香烟熏烤的门牙像两粒晒干的玉米，他奇怪自己以前竟从未注意到这一点，而现在它们如此醒目，并让父亲显得老态龙钟。

K 乖巧地举起酒杯，虽然他为父亲的衰老感到心痛，但也不得不承认，父亲越放手，他就越能感到重获自由的轻松。在刚才的音乐会中，最令 K 印象深刻的正是那位竖琴手，但这倒不是因为他提前发现了他腿部的秘密，而是因为他虽然一直和全场最具古典气质的乐器紧紧相拥，不时用柔软得像没骨头的手指抚摸它的腹部，尽管没人能听到那座熠熠生辉的玲珑美人发出任何声响。当然，他不愿怪竖琴手的功夫不够，而只能怪作曲家拉威尔先生在已经丰富得过分的乐段里非要再邀请这件乐器加入——他不给她任何独唱机会，而是安排她和钢琴、钢片琴、木琴一起大合唱！于是，这位美丽的尤物成了舞台上多余的摆设，她本该被仔细聆听的音色被淹没在乌合之众的浪潮中，以至于观众直到最后才失望地发现，并没有夜莺从那块优美的腹部飞出来。

对K来说，生育就像那座竖琴，是一个不成功的作品中多余的权利——而毁掉作品伟大性的恰好也正在于此。无论生育是一种多么崇高的自然恩赐，行使这项权利的人获得了多么大的幸福，他们的名字又将如何被载入人类的光荣史册，都无法提起他投身其中的兴趣——像所有人都能看出的那样，他自己还是个孩子。因此，一想到自己能逃过成为一位父亲这种简单却极可能发生的结果，K便感到被剥夺这个权利也是一种幸运。

父亲和母亲为一个重要的话题争吵起来了。在是否有必要在今后的生活中向熟人袒露儿子不能生育的问题上，父亲认为应当不分场合加以隐瞒，母亲认为对真正的熟人应当说实话，对其他人可以选择不说。当他们都无法说服彼此，甚至开始愤怒地以离婚为理由要挟对方时，K斗胆说出了他的想法。

"把所有责任都推给我吧，就说我宁可违背你们的意愿,也不想考虑这些事情。"

父亲再次流下了两行热泪和两串鼻涕,它们在空中形成四条奔放的彩带,伴随着他哽咽的礼炮,正式拉开了派对的序幕。这是一场真正的,为 K 举办的生育告别派对,而我们的主人公并未感到满腹悲情,事实上,他最想做的是抓住这留存不多的独特时光尽情狂欢,并把这一刻永远刻在心底。

5.

在被米亚和她的镜头完全抛弃后,K 决定去拜访方达。虽然这事没被列入狂欢节表演名册上的正式节目,却一直在保留曲目的名单中反复徘徊。自从她在那张宽大豪华的床上教他认识彼此的身体后,她便成了他的导师,他最高机密的持有者。

尽管 K 的外貌变化显著,但方达并未表现出难以接受的神情,反而一见到他充满诉求的眼神,便立刻对他来找她的目的心知肚明。和之前两次一样,她像名古板的教师走在前面,带着他默默穿过那扇镜子墙来到最里面的神秘小屋。当屋子的门被重新关上时,她就立刻从严肃的教师变身为花枝招展的女主人。"你长大了。"她感慨地捧住他的脸摸个不停,"上次见你还是个孩子,现在已经是个男人了。"

K 难为情地从她的怀里挣脱出来,他并不想走那套程序,而是迫不及待地要向她诉说他的遭遇。但很显然,她想占据主动,因为她已经敏捷地探测到他的危险区域,并发出一串啧啧的赞叹。见 K 还在目瞪口呆地发愣,她便如龙卷风一般脱去上衣,掀开那条玫瑰色天鹅绒床罩钻进去,躲在里面热情地向 K 发出邀请。在她的鼓励下,K 把嘴唇递了上去,打算像从前一样以吻作为起点。但她轻轻用指头制止了他,"你已经不再是孩子了,"她笑着说,"不能亲,这是规矩。"

在这场身体之旅中,他孩子般的害羞劲儿依旧存在,坚持不暴露自己的身体,而是像个执行任务的潜水兵,让一切活动在床单遮盖下的黑暗中完成。这要命的固执无疑为女主人的表演增加了难度,但她表现出令人感动的体贴入微,不但包容他溺水般语无伦次的呼救,纠正他初生牛犊般错误的探索,还耐心帮助他的玫瑰从一次次不合时宜的昏厥中奇迹般复活。

待一切平息之后,他才像散了架似的躺在床上,再也等不及一刻地,把在过去两个月经历的求医遭遇告诉了她。出乎意料的是,她的表情像她的身体一样平静。

"但你刚才表现得很好,不是吗?"

K 充满感激地望着她,觉得这是他这辈子听到过最受用的一句肯定。"世界是个巨大的医院。"他慨叹地脱口而出这个曾经读到过的句子。

"你错了,世界是个巨大的妓院。"她眯起眼睛纠正他的话,"用不着难为情。你要知道,在我见过的男人里,有病的比没病的还多。有些人就算身体没病,也有更恶劣的精神顽疾。"

"我已经停止服药了。"K说,"顶多再过一个月,我的状态就会恢复到和之前一样。"

她吃了一惊,仿佛这个消息远比病情本身事关重大。"为什么停药?"

"是我自己的决定,反正我从未想过要生孩子。"

"生孩子?先别管这些,看看你现在和以前多么不同!药是有效果的,至少你变得比以前成熟多了!"

"是的,但我并不想成熟,成熟得像个父亲根本没有意义。"

"对……但我的意思是说,这种事影响的当然不只是生孩子那点儿事,不吃药哪有乐子。"

K并未理会她的暗示。在他已经度过的二十六年人生里,唯有几周有乐子的时光,而这段日子却令他如此伤感。

"但你今后要谈恋爱么?"

"不知道。"

"总要结婚吧?"

"不知道。"

"那你知道什么?"

"什么也不知道。"

但就在这时,"结婚"二字把他迅速带回到一个废弃的车站，在那里，一辆早已飞驰而去的列车竟然在他面前倒退回来，唯一的乘客从车窗中探出身子向他含笑致意，待列车彻底停稳后，她走到月台上亲切询问他是否愿意再次考虑接受她的条件。

"你说，不能生育的人是不是只能选择无性婚姻？"K问方达。

"胡扯！告诉你个秘密，在我接待过的人里，不能生孩子的可不止你一个。"

"但他们的婚姻生活什么样？"

她不知道。

"假如给你选择，你愿意和我这种人结婚吗？"

这次她知道答案，却宁愿让它烂在心里。

在这场如此失败的狂欢节的尾声，K把他的头沉在她的手心，一动不动地接受她轻柔的抚慰。假如方达认识米亚，她们会惊奇地发现彼此节目的结局完全一致：那个无辜的孩子又回来了。他出场时散发的自信和笃定仿佛都被转移到他的女伴身上，而隐藏在同一副躯壳下的孤独和懵懂则重新显露出来，使他看起来像极了一只落魄的动物。

K, X

1.

X熟悉这间酒吧,尽管它叫棉花俱乐部,她却称它为密西西比。因为就在这儿,一位活像密西西比短吻鳄的男人吻过她。他在接吻时非要睁着那双又小又圆的眼睛,并坚持要求她也睁着眼睛看他。"亲爱的,看着我。"他冲她吹气,让这句话直接从她的口腔传到耳道。但如此新颖的方式并未增加接吻的乐趣,反而由于持续对焦叫人头晕。她抽空闭了会儿眼,就又被勒令睁开了。"亲爱的,你得看着我。"短吻鳄在咬紧猎物不松口的同时,把已经摘下的眼镜重新戴上,以便更准确地观察这位不老实的女伴。

她往里走,手指因紧张而冰凉僵硬。正值下午,酒吧的所有门窗都敞开着,大方地邀请阳光和微风透进室内。握着酒杯打发时间的人寥寥无几,他们并未对她的出现加以关注,这使她既深感轻松,又暗自担心自己不够提神的外表在接下来的重要时刻无法为赢取胜利提高概率。穿过布置凌乱的桌椅,她故作镇定地走向冷清的舞台区域。此时,未被点亮的水晶灯像棵挂满镜子的树,和那架乌黑发亮的佩卓夫钢琴互相投射出彼此孤独的身影。她望着这情景站了一会儿,直到确信要找的人并不在台上,才双手交叉抱住肩头,犹豫是该坐下来喝点什么还是找个没人注意的角落继续等待。就在这时,一个熟悉的声音从身后礼貌地响起。

"原来你已经到了,好久不见。"

尽管她为迎接此刻做了彻夜准备,但当这个如此熟悉的形象就站在面前时,她惊讶地发现他已经和印象中那位神采奕奕的征服者如此不同。他的短发看上去蹩脚可疑,面色憔悴,深邃的大眼睛里透射出清凉而有洞察力的目光,仿佛刚从古代的梦中苏醒过来的流浪者。

"我们能不能坐下来聊聊?"他谨慎地提议道。

她立即止住惊惶失措,以原计划中落落大方的姿态和他打起了招呼,"你好,"她微笑着说,"好久不见。"

2.

虽然这并非他们第一次以坦诚交流为目的的谈话,但显然,由于面临的话题颇为复杂,使这位对钢琴了如指掌的乐手再也无法重拾上次交谈时满溢的雄心，而是谨小慎微地甄选每个词汇。本来，K对如何维持本场会面的友好气氛甚为忧虑，但自从他公布自己恢复单身那一刻起，便无奈地明白在自己内心滋长的愧疚感纯属无中生有，因为她饱含深情的眼神，滔滔不绝的自我介绍直接把他拉回到她最早找上门来那个午后。而他，当然没被定义为曾经辜负她的叛徒，而是一位总算肯放下身段专注聆听的相亲对象。十分钟过后，他不得不尴尬地提醒她说，他只是单纯对她的游戏规则感兴趣。

"你是说无性婚姻？你是在严肃地考虑这个……方向，对吗？"尽管他们可疑地缩在俱乐部最隐蔽的角落，X在问这句话时还是再度压低了声音。

"能否方便透露，你是完全出于生育方面的顾虑才做出这种选择的？"K也明显压低了声音。

"那你的顾虑是什么？"

"还有哪些人会选择无性婚姻？"

"这不重要，关键是你自己是否想清楚了？"

几个回合下来K便明白，避重就轻的做法无法帮他挖掘出想要的信息。他只好向她摊牌道："好吧，如果必须承认的话，我的情况和你的恐怕完全一样。"

"你是说……你也有生育障碍？"她惊讶地托住下巴，仿佛这是世界上最出人意料的答案。尽管她在说到最关键的四个字时已经完全没发出声音，只有嘴唇夸张地一开一翕,但这几个字却格外清晰地被K领会到了。

"不是障碍,是完全不能。"

"我还以为你是同……"

"不是这样的。我也是最近才确诊得知。"

她满怀歉意地咬住嘴唇。

"但我只是不太明白,像我们这种人是没得选吗?如果我们根本不想结婚呢?"

显然,"我们"这个主语极富成效地使她决定敞开心扉。她十指交叉身体前倾,以便让自己的心声更准确地传递到对方耳中:"你肯定注意过这种现象,一个残疾人所找的伴侣通常不是正常人,而是和他一样的残疾人。同样的,一个罪犯也不大可能和毫无劣迹的人结合,就算他是天才,他人生的污点仍然会置别人于道义上的危险……"

"但我们不是罪犯!你不明白吗?我们其实是受害者!"

"我当然明白,"她向他报以充满歉意的微笑,试着让自己的声调缓和下来后继续说,"但是和现实对着干根本没有意义。人们总要对生活做出让步,而找个同样奉行无性婚姻的人结合是我们这类人最好的选择,因为只有这样,我们才不会在这种两不相欠的约定中损失什么。至于独身主义当然也是种选择。以我个人为例,即使在没有承诺的恋爱关系中,我也会坚持主张无性。"

K理解无性的含义,但让他举棋不定的是,作为一名亲身体验过有性生活,并极有可能已经把那粒浸透强烈记忆的种子埋进身体的人来说,这种模式是否依然适用。他的忧心忡忡完全写在脸上,仿佛受到神秘宗教组织鼓动的无神论者,既想对它神圣的深刻内涵膜拜,又本能抗拒那未知的危险力量。

"你知道无性婚姻也叫柏拉图式婚姻吧,"她润了润喉咙说,"摒弃肉体追求心灵沟通是它的宗旨。"

K茫然地一言不发,他认为这只是个虚假的名字,是个蒙蔽真相的好听说法。

"事实上,选择无性婚姻的大多数人并不是出于生理疾病,而是心理问题造成的。"她说,"比如许多夫妇为了避免离婚,就把无性婚姻作为解决感情破裂的出路。"

"但这并不能真正解决问题。"

"我们无权指责别人。"她温和地望着他,"就像在这件事上,别人也无权指责我们一样。"

K感到泄气,他已经完全后悔刚才率先使用"我们"这个像是特意讨好对方的称谓。现在,当她也开始频频使用它时,他感到自己不仅是和她同病相怜的同类,还是位他羞于承认的同谋。

"无性婚姻并不罕见,"她加快了语速,"根据美国一项调查,有2%的已婚人士完全没有性生活。而如果把无性婚姻的定义扩大到那些每年少于十次性行为的夫妇,会有20%的被调查对象都属此类范畴。在五十岁以下的已婚人士中,有10%左右的伴侣在过去的一年中没有性生活。而四十岁以下人群中,只有不到20%的人每年有较多次正常的性生活。"

K不置可否地望着她,任凭这些百分比和数字飞速飘出脑海的边界。

"我的每次相亲经历都会谈到这些。大家总有种偏见,认为无性婚姻是个少见的极端现象。"她无奈地说,"但事实上,我们肯定比珍稀动物要常见得多。"

"那你为什么还没找到合适的人选?"

她眉头一皱:"人选并不难遇到,但任何恋爱和婚姻的前提都是爱情。"

见K不好意思地舔了舔嘴唇,她马上把谈话氛围调整到逻辑缜密的基调:"对于不能生育的人来说,如果他们和有生育能力的正常人结婚,便是对另一半的最大折磨。他们将永远不会得到原谅,并会受到来自内心的谴责。"她眨了眨眼,"这就是不能生育的人应当彼此组成家庭的原因,因为对我们这种人,无性婚姻最大的特点不是罕见,而是公平。"

3.

虽然K从未认真考虑过结婚的事,但他确信自己终将不愿孤老终生。因此,当他听到 X 毫无保留的见解时,出于一种令人羞愧的认同感,他觉得这规则的确适用于他。当夜场演出开始时,他还完全沉浸在思考中,并因此漏掉了鼓手抛给他的眼色,也完全忽略了贝斯手为他的出场而铺陈的十六小节节奏段落。

X 就在离他最近的位置坐着,她默默地关注他的每个举动,目光里泛滥的不再是乐迷姑娘的狂热,而是对同类的客观肯定。K 在演奏间隙不时侧脸看她,他想起曾经米亚也从这个位置向他频频举杯,但她深情的目光中饱含的是什么呢?是召唤。是一个女人对一个男人的召唤,一个身体对另一个身体的召唤。但即使他千真万确和摄影师共度过难以忘怀的岁月,这段经历此刻却只留给他一种印象:比起米亚,X 才是真正了解他的人。就在他们刚才一场谈话的工夫,她已经完全由磕磕绊绊的陌生人变成了老相识,尽管他还不习惯这个迅速的角色演变,但这并不影响他想要即刻承认自己已经为她的理论所折服:无性婚姻正是为他们这种人准备的。

而无数事实就像那十六小节布鲁斯一样摆在眼前,K 还在犹豫什么?在他已经走过的二十六年人生中,他难道不是早已自动选择了无性的生活么?

等等,问题就出在这里:并不是他主动选择了无性生活,而是无性生活主动选择了他。教他明白这个巨大差别的是方达。当她慷慨把他牵入深奥的人体世界时，尽管他的耳边不断传来些傻兮兮的像是抚慰孩子的话，K却再不能比那刻更加确定，他终于被选中了——他被选中并赋予了成人的特权，用身体和另一个成人进行平等的对话。当然，时间短暂以至于他并未尝到所谓神魂颠倒的滋味，但那停留在心底的感受依然强烈，以至于他认为就像通过重复练琴所形成的肌肉记忆一样，它将形成一种精神记忆，一种从那区区几秒的经验获得的永久性反射。

4.

"艾灵顿公爵（Duke Ellington）的《大篷车》（*Caravan*）！"鼓手对准麦克风喊了起来。与其说他是在向观众报幕，还不如说是在唤醒跑神的键盘手。

这是他们几乎每周必演的经典金曲。听到号令，K的手指立即在钢琴上飞舞起来，他有时也会边演奏边扫视键盘，但那并不是为了提前找到下组和弦的位置，而只不过是在上帝视角观赏音乐在自己熟练操纵下的精准输出。完成这首曲子的动作早就像程序一样输入他的身体，即使全程闭上眼睛，他也能把它倒背如流。

贝斯手开始拨弦了。四个小节后，将再次轮换到谐谑的钢琴断奏。此刻，这些音符在他的头脑中排成方阵，整装待发。

时间到，请入场。但就在这时，K的手指却像断了似的僵住了，那架能控制他肌肉的隐形机器毫不留情地将他的手臂悬在半空，他的大脑一片空白，本该被唱响的音符没有喷薄而出，而是像一群玩捉迷藏的孩子，在宣布睁眼之时便消失得无影无踪。

机敏的贝斯手立刻明白了发生的事故，但他没有停下手指的拨弦，而是试着让时间再滚动一次。四个小节，准备入场，好，轮到你了。然而K一如既往，他像个盲人似的，胆怯而茫然地在黑白键间毫无信心地摸索着，仿佛那把能将记忆解锁的钥匙就丢在它们狭窄的缝里。三十二个小节过去了，他仍没把它捞出来，只好抬起头向贝斯手致以歉疚的一瞥。幸好乐队早就为这最令人担忧的状况做过预演，他们表现得毫无破绽，仿佛整支曲子正是按此结构设计。直到音乐即将结束时，断掉的手指才又复活，K加入所有乐器的合奏，让乐曲在轻松的氛围中落幕。值得庆幸的是，观众并未发现那个严重的错误，他们迫不及待地献上最热烈的掌声，并高喊着要求乐队再来一个。

5.

音乐家需要借助肌肉记忆完成演奏，就像赛车手需要靠惯性完成急转弯，除了极少数天赋异禀者，大部分人需要通过无数次重复练习才能培养出这种近乎本能的反射。但是记忆空白就像瘟疫，它毫无征兆地爆发，又悄无声息地消散殆尽，即使再优秀的音乐家也不能保证自己终身免疫。而当意外真的不幸发生时，在那个"决定性瞬间"，音乐家们的个人魅力才得以被表现得更为彻底。

《童子与魔法：钢琴女王玛塔·阿格里奇传》中，披露了女钢琴家玛塔在"她半个世纪演出生涯中唯一一次'记忆空白'"。那是在她演奏最擅长的曲目之一——普罗科菲耶夫的《第三钢琴协奏曲》时，她出现了一瞬间的犹豫。虽然那并没有影响演出的推进，但对于拥有天才记忆能力的玛塔来说，她为此感到极度悲伤，以至于"那一天晚上，她把自己紧关在后台单间里，谁也不见"。

曾获肖邦钢琴大赛冠军的加里克·奥尔松在一次独奏音乐会上以莫扎特钢琴奏鸣曲K330号为返场曲目，但在演奏进行将近一分钟时，他像是失落了记忆似的停了下来，面向观众说："请原谅我再从头开始。"

葡萄牙女钢琴家玛利亚·乔·皮尔斯在2013年一场与阿姆斯特丹皇家音乐厅管弦乐团合作的演出中，当乐队合奏响起时，她却突然意识到这并不是她准备的那首莫扎特钢琴协奏曲，而是作曲家的另一支作品。她当即双手掩面，告诉指挥她带错了谱子，而指挥平静地提醒她，她曾在上个季度演出过这首曲目。乐队停了下来，皮尔斯别无选择，硬着头皮在记忆中搜索，并小心翼翼地在键盘上找到了开始的几个音，而接下

来，凭着从她指尖不停涌现的肌肉记忆，她奇迹般出
色地完成了整支曲目，没犯一个错误。

6.

K的这种感觉越发强烈：他受到她的邀请，来到
恪守新规则的神秘俱乐部。而这里的情景就像电影
《大开眼戒》中的怪诞派对一样，人人穿斗篷戴面具，
虽然成员众多，他却不能辨认出其中任何一位。对他
来说，唯一能做的便是紧随在她身后，尽快把整件事
理清楚，以免做出令人遗憾的错误决定。

当然，和令人焦虑的婚姻形式相比，还有个相对
轻松的问题需要思考：他是否愿意和她交往。而K对
此答案把握充分——尽管他觉得自己早已丧失谈论
"化学反应"的资格，但是的确，爱情光顾的灵感并未
出现，而且像是永远不会和她同时来临。为此，他想
把这统统归因于她的虚荣，因为每逢见面，她都像是
脸上破了洞似的，不但非要涂上厚重的粉底才肯出席，
而且还要找准一切时机向那张脸上继续补粉。于是，
当她在历经八月阳光的暴晒后大汗淋漓地出现在他面
前时，他就不得不忍住失望，默默注视着一道道细纹
在那张石膏般毫无生气的脸上触目惊心地绽放。

但除此之外，他认为她也有吸引人的地方。她的
鼻子漂亮挺拔，让那张平淡无奇的脸变得立体生动。

她娇小的身材不但能确保她是位受孩子欢迎的幼儿教师，和他站在一起，也会由于反差鲜明而生出令人动容的奇观之感。另外，她有一副天生的好嗓子，说起话来像新鲜的鲈鱼籽般清澈而颗粒感鲜明，而这在她故意压低声音时尤为明显。当然，他最欣赏的还是她轻松睿智的谈吐，完全和那一脸滑稽厚重的妆容形成鲜明反差。为此，K常想象如果她能素面朝天，也有可能会变成一位魅力四射的美人。

"无论如何，无性交往并不是无情交往。"她说，"亲吻和拥抱都是允许的，只要不发展到那一步就行。"

而没过一会儿她又补充说："当然，对拥抱和亲吻没兴趣也纯属正常，没有人有权对此加以苛责。"

现在只要他们见面，话题总会自动跳转到关于无性条款的分析，并且像是要起草神秘宪章似的延展个没完，仿佛他们并不是无性婚姻俱乐部的待定成员，而是这个思想浪潮的开山鼻祖，肩负着为世人撰写行为典范的使命。

"那么，你自己会反对拥抱和亲吻么？"K问。

"不，不会。但超过这些就不行了。"X回答。

K放下咖啡杯点燃一支烟，一口接一口地向空中吐着烟圈，直到对方已经连连咳嗽才掐灭烟头郑重地问："告诉我，对你来说，坚持这件事到底是顺其自然还是禁欲？"

X垂下眼睛。尽管她能把大道理说得头头是道，可面对这个问题却结巴起来。"当然不是禁欲……如果把我投入到正常的两性关系,我会生不如死。"

"你怎么知道?"

"有些事情无胜过有。"她含混答道。

"那么也有可能是你并不了解自己。"

X努力克制住浮动在脸上的复杂表情,直到她眼中最后一丝神采奕奕的目光像黄昏落日沉入大海才开口说道:"没有人比我更了解自己。还记得吗,我缺少一条X染色体,这是所有特纳氏综合征病人的共同特征。没有青春期,先天性肾脏亏损,身材矮小,发育极其迟缓,对那种事儿没有任何冲动,这些都是既定的结果。而现在即使通过药物治疗让早该在青春期发生的身体变化得到弥补,也不能改变我在确诊前就形成的看法。"

K惊呆了,两排牙齿因为接连的寒战而咯吱作响。她的描述让他觉得自己的经历被完全复制,因此也可能患有同一种病。"你的意思是,你的所有问题都是基因缺损造成的?"

"是的。"

"而你曾经没有那种冲动,也和这有关?"

"是的。"

"但现在你已经通过治疗回归正常了?"

她点点头,并再次重申有些东西就算已经恢复,也没有必要加以滥用。

"为什么不早告诉我这些?"他急切地问。

"有什么差别呢?结果都是一样的。况且这不是传染病,而只不过是造成不孕症的原因而已。像我这样的人还有很多,当然,我没有故意隐瞒,只是你从未问到……"

"你吃的是什么药?"K打断了她。

"雌激素和孕激素。这是种只发生在女性中的罕见病,发病率是五千分之一。"她向他摊开手掌。

7.

K不善言辞,对安慰别人并不在行。相比之下,他在音乐面前却从不语塞。刚才,她的不幸遭遇让他感同身受,虽然她一再强调她的病只不过是造成她不孕症的原因而非结果,但K却认定她生活中的一切都在事实上加重了她的病情,并无法从这巨大的悲情气氛中解脱出来。为了安慰这位货真价实的同类,他在犹豫之下挽起她的手,离开这间因偷听了伤心故事而永不会再来的咖啡厅,费尽周折地找到一家琴行,终于像可以开口说话了似的,坐在一架罗兰电子钢琴前,为她弹了首短小的爵士版《一闪一闪小星星》。

X的心怦乱跳个不停,她的脸因惊慌而变得煞白,手指控制不住地攥紧松开。他演绎的旋律如此动人,以至于这首她几乎每天午后必弹的曲目听起来竟然深刻如谜。

K无法确定对方是否喜欢他弹这首曲子。为了巩固他的友善，他又接着弹了两首更加动听的《圣诞夜》和《雪绒花》。就在他还要继续演奏的时候，她打断了他。

"我在幼儿园工作，这些曲子会让我想起孩子们。如果非要弹琴的话，"她说，"来点儿我没听过的吧。"

K惊奇地望着她，完全忽略了她语气中顽皮的部分。在他进入演奏生涯以来，这句命令是敦促他不断练习的最大动力。曾经，一位耳朵挑剔的观众在接连听出他即兴演奏中的所有梗——包括艾灵顿公爵的《大篷车》，凯斯·杰瑞的《我爱你，波吉》(*I Love You, Porgy*)经典旋律后，竟然还认出了米歇尔·贝楚齐亚尼（Michel Petrucciani）的《红酒和玫瑰的日子》(*Days Of Wine And Roses*)。当然，令他印象最深刻的还是那位不但听出他漏洞百出的模仿凯斯·杰瑞的音乐会，而且准确说出"第十九分五十秒"的男人。直到现在，他骄傲而充满挑衅的话语仍然能在他耳畔回响。

K拿不准她的心思，不敢确定她的不满是来自爵士曲风还是他幼稚的选曲。琴架上正巧摆着一本肖邦作品大全，他随手翻开，发现那首熟练到能背下来的《升F大调夜曲》，于是毫不犹豫地合上谱子演奏起来。这首曲子如此优美婉转，欲言又止，以至于他突然感到自己不是在弹琴，而是在声泪俱下地朗诵一首情诗。他因此而羞得脸色通红，节奏错位，曲子还没结束就停了下来。

在店员们啧啧的赞叹声中，他们都没说话。X率先打破尴尬，"我也来弹一首。"

她先像是热身似的，演奏起简单清新的《月亮河》。当然，她的版本和爵士乐相差甚远，但这丝毫不影响听众发出的啧啧赞美。随后，她演奏了《我可笑的情人》（*My Funny Valentine*）中的精华乐段，其间出现几个磕绊，但同样并不为这支优雅的曲子打一点折扣。最后，在征得店员的同意后，她屏住呼吸，弹起了那首他熟悉的钢琴奏鸣曲。她的表现惊人，三分钟的演奏不但旋律流畅，而且还流露出一种与她的娇小柔弱截然相反的宏大气势。

当最后一个音符轻松飘散时，他们只四目相视一刻便同时垂下了眼睛，仿佛一对儿刚被丘比特之箭射穿的恋人。这个不约而同的动作让他们完全把在咖啡馆的沉重讨论抛在脑后。一种崭新的复杂情绪将他们环罩，使他们都紧张得透不过气来。

8.

从她落在键盘上的第一串乐句响起时，K就听了出来，这是他在那次有惊无险的演出中用来救场的临时曲目,玛塔·阿格里奇演奏过的《斯卡拉蒂D大调奏鸣曲》。而此时再度听到这首并不热门的音乐,一定不是出于巧合,而是她为他准备的礼物。想到这,K的脸顿时烧得滚烫,心几乎要跳了出来。

琴凳正对着八十八个琴键的中间,不偏不倚;她坐在琴凳中央,不偏不倚;她的背挺得笔直,垂顺的头发悄然搭在双肩,不偏不倚,仿佛可以用一道线把这情景自中间一分为二。她的双手搭在琴键上,瘦削的手指略微曲张,嘴唇下意识地随着不断背诵的乐谱颤动,一串音符很快在空中弥漫开,仿佛阳光下轻轻抖动鸭绒被所泛起的尘埃。她轻吸口气,这是真正的开始。

自从在那个令人激动的音乐之夜听他演奏了这首曲子,她便顺着心里的足迹认出了它熟悉的旋律。那是首早在她中学期间准备应对钢琴八级考试时便练习过的曲子。然而时间久远,在那个夜晚,即使他把整支曲目演奏完毕,它的名字也没能从记忆深处蹦出来。直到他沉着地向所有观众公布答案时她才豁然醒悟,并下定决心把它重新拾起。

毫无疑问,再次练习这支曲子费了她不少功夫,起初,那几页密密麻麻的谱子在她十指凌乱的按键中就像破碎的瓷器,但在第一次和他见面之前,她便让它们听起来又顺畅动人了。当然,也正是那次见面,让她体会到久违的不可思议和欣喜若狂。她把能同这位令人赞赏的夜场明星平等对话视为上天对她的鼓励，并当即立下神秘的誓言，她要把这首曲子每天练上一遍，直到终有一天，当她的水平终于恢复到和从前旗鼓相当时，她将在那架黑色佩卓夫钢琴上把它完美地弹给他听。

少年时练琴的情景就在这时平行于那匀速展开的乐谱浮现于脑海。母亲手执戒尺，严厉地训斥她认真练琴。母亲虽然不懂钢琴复杂的技巧，但在陪伴女儿学琴多年后，不但对所有练习曲的调子熟稔于心，并且尤其擅于听辨出各种差错。无论她就站在旁边，还是在厨房煮饭，还是在洗手间，甚至在楼道里，都能像抓蚊虫那样凭空捕获几个令人无法容忍的演奏错误。"好好弹不要出错，"她会用毫无商榷余地的口吻命令道，"你的前途都在这儿押着呢。"

而她那时未卜的前途早已不再是吊足人胃口的悬念：她成了一名幼儿园音乐教师，在教授孩子们唱歌时，通常只需要动用两根手指。为此，母亲坚持认为，女儿的职业生涯和她受到的教育并不匹配，要知道，她若考取交响乐团也不是完全没有希望。但这是女儿执意坚持的选择，原因只有一个，再没有比这更适合她的职业。虽然她也梦想在音乐的道路上当个巨人，但当她不足一米五零的身体坐在钢琴前时，只有孩子能忽略那不协调的画面，并让一切显得合情合理。

此刻，乐谱在她的头脑中不断展开，并在她的指尖复活。在平时的练习中，她不但从未脱谱演奏，并且从未毫无瑕疵地把它弹下来。但就在刚才，当她在冲动之下决定让想象中的场景提前发生时，她便顾不上唯唯诺诺了。她的身体随着节奏轻微摇摆，而手指灵巧的运动牵动了手背上的每一根筋骨，使它们也跟着跳跃，仿佛那些音符蝌蚪正在她的身体里涌动。

最后一个音符从记忆里跃出，而她的双手也同时离开了琴键，在空中停了一会儿，然后又绵软地落了回去。巨大的休止符平息了所有的余音，并同时开启了在脑海中翻腾的另一场风暴。

而她这才意识到，尽管节奏不稳，可这一次，她竟然没弹错一个音。想到这，她情不自禁地露出了微笑。

9.

K做了个奇怪的梦，在梦中，他和X像两个顽皮的孩子跨在跷跷板的两头轮流蹬腿，交错着在天空和地面之间此起彼伏。他们越玩越起劲，速度也越来越快，卖力地让对方像火箭一样冲上天，再像自由落体一样掉回来。但没过多久，当上升的那个人必须拼命向后撑住身体以免仰翻过去，下降的人不得不向前趴着紧紧抱住跷跷板的金属臂时，他们都感到害怕了，于是大声呼喊着让对方放慢速度停下来。但这架笨重的器械仿佛已经失控了似的，即使他们都纹丝不动，也无法停止疯狂的摇摆。竖在正中间那支随着他们的运动而左右摇摆的指针终于因为速度太快而失去了轮廓，火警般的警报声尖利地响起，K就在这时清楚地意识到，这不是跷跷板，而是一座巨大的天平。此刻，这盏并非笨重而是极其敏感的测量仪在向他们发出最后通牒，如果他们无法不偏不倚保持水平地停下来，振荡就会永远继续下去，直到他们都被掀翻在地才会平息。

醒来后很久，K都以为他是从那架天平上摔下来后昏过去的，他甚至能隐约感到坠地瞬间造成的脊椎刨痛，但过了一会儿，当他从床上，而不是地上爬起来时，他才确信那险象环生的场景并未在真实世界发生过，而只是场令他后怕的梦。

但比起昨夜的惊心动魄，K在服药期间的变化却更像一场平淡的梦。此时距离停止服药已经三个月了，K也早已恢复了他本来的模样。他的胡子掉光了，手臂上的肌肉完全松弛下来，声音之弦再度被拧紧调高，而最重要的是，他不再能勃起，也不再像匹发情的马似的彻夜难眠。他本以为，至少那段经历会令他的眼神不再像从前那样天真无邪，但当他对着镜子仔细核对时，却无法发现成熟之夜燃剩的一丝灰烬。那些曾经折磨他的焦躁情绪以及令他感到恐惧的幸福时刻都随着时间的潮水退去，遥远得就像从未发生过似的。

整整一天，那座梦中的天平都持续在 K 的头脑中亢奋地抖个不停。而到了夜晚，当他又重新躺倒在床上时，天平的指针突然直挺挺指向天空定住，它的左右两臂也完美地平行于大地，一切喧嚣都在这十字架前静止下来，让位于在他脑海中嗡嗡作响的她的声音：

"对我们这种人，无性婚姻最大的特点不是罕见，而是公平。"

10.

伟大的公平性总算得到了最好的验证：无论身体还是精神，他们都达到了完美的统一。那只负责称重的天平纹丝不动，在这个能够精确测量的神圣时刻，K 感到他获得了前进一步的资格。

为了不辜负命运的慷慨，在一个清风习习的傍晚，K 正式向 X 发出交往的请求，郑重声明无性是他们互相尊重的前提，主动提出希望在儿童节去幼儿园和她一道表演，并真诚邀请她加入俱乐部的夜场演出。面对上述提议，她只礼貌推辞了最后一个，"观众是不会愿意看到我这张脸的。"她诚实地说。

在得到她的默许后，K 轻轻把她拥入怀里，并像测试体温似的把嘴唇贴在她的额头。但她像鸟一样敏捷地挣脱开，却并没飞走，而是仰起脸，准确无误地献上了她不太饱满的嘴唇。K 就在这私密的唇语中读到了令他震惊的事实：她绝对算得上米其林星级接吻大师，而比起她来，他只是个走过弯路的，相形见绌的无知少年。他不禁想起自己曾沉溺其中的追寻"爱情味道"的经历，而他竟然还为那些根据配乐的情绪缓慢行进或疾风暴雨式推进的吻洋洋得意。现在，她用令人惊叹的高级语汇毫不留情地证明了他的短见——她的动作如此熟练，即使没有配乐，也能一针见血地让人领悟到那恰好是炫技的华彩乐章，而仅仅一个从舌尖冒出的旋钮就能彻底刷新他对吻的认识：吻的艺术不仅包括速度和激情，就像真正的音乐一样，还包括精湛的技艺和花样迭出的灵感。

直到他并非因喘不过气窒息，而是像吸足了氧气似的神清气爽时，她才把嘴唇从他脸上移开，面露尴尬地掏出纸巾拭去挂在他嘴角的口红。"抱歉，"她说，"我之前就该把它擦掉。"

她的话使 K 不由得重新注意到她脸上厚重的粉底。历经刚刚发生的激烈运动，一些粉末已经残败脱落，而她像是比他更早意识到了这点似的，飞速从裤子后面的口袋中抽出一个小圆盒，熟练地掀开盖子，捏着沾满细粉的软垫往脸上扑。面对这个情景，那个早就卡在 K 心中的硬结迅速鼓胀起来，并把他的胸口撑得生疼。他想来想去，还是决定一把夺过她手中的小圆盒，亮出刚刚获得的男朋友资格证书，用欣赏而体贴的口吻说："你根本不需要这个。"

她并未领情,而是不顾一切扑上来和他争抢。他只好把它原物奉还,并无比痛心地看着她做完本应被他打断的事。直到她确信妆容完善,才又重新回到他面前,装糊涂似的露出一副无辜的表情哄他开心。然而她逗孩子的伎俩并不奏效,因为她发现这位崭新的男朋友真的生气了,刚才在他眼中燃烧的爱情焰火已经熄灭,并迅速转变成仇人似的厌恶。她害怕了,于是试图再向他输送几个安神之吻,但这一举动立刻掀起他对自己曾向摄影师前任祈求爱情时的不堪回忆。他扭过头无动于衷,这又使得她更加害怕。终于,她决心让这场不该发生的冷战结束。"跟我回家吧,我会卸妆给你看。"她祈求地说道。

他们一路无语地并肩而行,直到眼前的景色从昏暗的街道切换到明亮的室内,K才惊奇地发现,除了都拥有一座立式钢琴,他们的家看起来截然不同。虽然这个租来的房间局促,物件摆放也显得凌乱,但无论是在书柜中摆放的纪念品还是随处可见的动物玩具,都让这里看上去像个真正的家。而最让他顿觉轻松的是,不仅书桌上像专为迎接他似的摆满了水果,食品柜里也塞满了琳琅满目的零食。"你随便吃吧,"她说,"我马上就去卸妆。"

但当她回来的时候,脸上并没有发生任何变化。在他莫大的疑问中,她递给他一张浸湿的棉垫,示意他自己动手,擦掉那副令他厌恶的失败作品。

这难道是新的调情？K犹豫着接过棉垫，先轻轻在她脸颊上点了几下，见不奏效，又用力地反复涂抹。奇迹就在这时出现了：她的脸庞就像浴室中被雾气笼罩的镜子，当用手指把雾气一道道划开时，事物本来的样子就显露出来——那上面密布着斑驳的痣，像溅满泥点似的，但它们一粒也不能被擦掉。

"别害怕，这也是特纳氏综合征的表现之一。"她说。

K就在这时感到悔恨，不是因为他轻易向她许诺了爱，而是他竟然自私地逼她揭掉这层与虚伪无关的面具。他真诚地祈求上天能赐予他改过的机会，与此同时，一种巨大的英雄主义情结灌进他的内心，使他为自己能被独一无二的她选中而无比自豪。在这悲情的幸福中，他恳求对方能在今晚收留他，她答应了，而他们都知道，这将是平静而令人伤感的一夜。

X, 母亲

1.

X在二十一岁之前从未尝过例假的滋味。不仅如此,她身材异常矮小,骨骼柔软,脸上像撒芝麻般布满痣和雀斑,尚未发育的胸部平得像张纸板。医生们只需用余光看她一眼,便能断定一切皆因严重营养不良。

"你该多吃牛肉鸡蛋,长胖一些。不然以后连生孩子都有问题。"医生这样警告过她。

只有她明白事实绝非如此,而医生被表象蒙骗了。真正的事实是:她的身体背叛了她。正如一棵树苗被栽在花盆里,一条鲸鱼被放到湖泊中,她从出生就被装进了错误的躯壳。而这只躯壳,在她看来,真该丢给那些成天哭闹着不想长大的孩子。面对灵魂和身体的剧烈冲突,她妥协过,反抗过,有时也会适当保持中立。总的来说,运筹帷幄的智慧绝不亚于身经百战的外交官。每月十八号的清晨,她都会准时把卫生巾塞到内裤里，连续三天戴着这种柔软的棉垫，避免剧烈运动，偶尔像个婴儿般在上面小便，并把在此期间的所有不适都归结于这场想象中的例假。再比如，她尝试过和异性拥抱甚至接吻。但当对方提出更进一步的暗示时，她便会放声大笑。对她来说，这是惊慌的笑，自嘲的笑。而在对方看来，这是轻蔑的笑，弄巧成拙的笑。

当然，拥抱接吻的事绝不能让母亲知道。要是她发现自己的女儿向别人投怀送抱，甚至让别人摸过她的乳房——尽管那里实在没什么惊喜，她保证会让她的余生在囚禁中度过。因为这不仅是不自重，还毁了母亲为女儿维护多年的贞洁成果。早在她的婴儿时期，母亲就禁止任何男性碰女儿的屁股。而随着女儿长大，母亲教育的核心论点便是：离男人远点儿，不管他是什么年龄。在母亲看来，女儿能拥有推迟的青春期简直是莫大的福分，因为由荷尔蒙产生的欲望都是低级的，而只有从根本上摆脱低级趣味，才能保证身心安全和精神高尚。亲吻是肮脏的，随时能传染细菌。拥抱是暧昧的，是身体的投降和勾引。抚摸是下流的，是走向堕落的前奏。至于性爱，简直是场持续了上百年的骗局。所有在电影里哼哼唧唧的男女都是冒牌货，所有文学作品中关于高潮的描述都是互相抄袭。真正的性爱，只有当事人最清楚。对女性来说，且不论心理感受如何低三下四，单说生理感受，性爱是干涩而痛苦的，简直是场受难。而这绝对不止是她一个人的体验。《海蒂性学报告》就曾指出，至少百分之七十的女性都有伪装性高潮的经历——这数据中当然包括那些演员。但母亲既不属于这百分之七十，也不是那百分之三十。她从不在这种时候伪装。当人在遭受真正的痛苦时，装出幸福绝无可能。

唯一值得赞扬的是怀孕。母亲在怀孕期间，不仅受到全家人的优待，更重要的是，她能堂而皇之地和丈夫动物性的要求绝缘。为此，她的心在这段日子里变得柔软。如果 X 能把回忆追溯到胚胎时期，一定会为母亲对她的喃喃私语而感动落泪。所以，尽管母亲不可避免地经历了不亚于受孕之痛的分娩，她仍然坚持认为，这痛苦受得值得。况且，她还为社会日趋低下的生育率做了贡献。

但母亲从未谈过例假。事实上，倒不是因为她有意避讳，而是自己的经验也少得可怜。X 从未见过母亲使用卫生巾，所以，当十几岁的她从家里浴室发现一条淌血的棉花时，立即深信那位前来拜访，脸色苍白的阿姨患了绝症。母亲总共经历过屈指可数的几次稀稀拉拉的例假，在成功将其中一次排卵孕育为胚胎后，例假就像古巴比伦般永远消失了。本来，这粒胚胎是她岌岌可危的婚姻得以存活的救星，但之后她才发现，她是这场婚姻出路的绊脚石，因为丈夫想要离婚的念头从未动摇，但为了孩子，谁都不愿意再提这事。母亲的初潮发生在二十一岁，多年来，她以此为界，手握秒表，毫不惊慌地站在跑道尽头，等待同一把时间的发令枪唤醒在女儿体内沉睡的卵子。母亲是位沉着的教练，女儿不必惊慌。人生有限，不要对令人痛苦的劫难抱有幻想。

"你还是个孩子。"这是母亲挂在嘴边，用来解释万物的根基。有一次，女儿为了试探母亲的底线，用虚构的人物向母亲举例说明同龄女生已经开始流行在校服里套吊带衫，即使胸部平坦，这种穿法也会让人显得有女人味儿。她的潜台词是，她也想要一件。

母亲露出忧心忡忡的表情。显然，在她的想象里，吊带衫是前胸填了海绵，边缘缝了蕾丝的不入流货，并只能归于内衣之列。下流坏子。她说。要珍惜你的幸运，因为总有一天你会明白，胸部发育得越晚，你就越安全。

于是如同那些偷偷品尝的拥抱和吻，X瞒着母亲，用攒下的钱让自己穿上了吊带衫。在试衣镜前，服装店主惊讶地盯住她瘦削的肩膀，告诉她如此骨感的身材实在不多见，并充满好意地让她试穿其他衣服——都是些被母亲明令禁止的短裙、紧身套头衫、彩色丝袜之类。这才是潮流。店主说。X从未穿过这类衣服，倒不是因为她认同母亲的观点，而只是因为它们和她的审美观冲突。她一直都以穿着宽松朴素为荣。但当同一面镜子每隔五分钟就呈现出一位截然不同的少女形象时，她震惊了。在店主的鼓励下，她蹬上一双高达十厘米的高跟鞋，瞬间便像踏入高原般连空气都变得清冽稀薄。最后被试穿的是件真正填了海绵、缝了蕾丝的胸衣。当 X 在试衣间里套上这件肉色的衣服时，她流下了泪水。天知道她有多希望这件衣服是专门为她量身定制。她闭上眼睛，反复抚摸鼓起的胸口，又模仿着音乐录影中的舞蹈动作，从胸口一路向下摸到小腹和大腿，并最终沿着并不存在的狭窄腰际把手落在故意向后翘起的臀部。此刻，她是全世界最热辣的舞者，身材紧致，曲线迷人，灵魂和肉体首次愉快地达到统一。她当即意识到自己将永远忘不了这段神奇的体验，于是在结账时，除了吊带衫，也将这件胸衣买了下来。没过多久，她的抽屉里就塞满了各式各样的、只在母亲的视线之外才能被悄悄拿出来欣赏的、比拥抱和吻更能抚慰心灵的秘密的糖衣。

2.

母亲认为，没有什么能逃过她的眼睛。比如，当还是婴儿的女儿眼圈发红时，她就知道她小便了。再比如，女儿要是和她讲话时左顾右盼，那么她多半在撒谎。作为母亲，她的专业精神正体现在这儿：要想真正保护孩子，必须能识破他们的小把戏。有一天，当从房间里传出的钢琴声毫无激情时，母亲立刻凭耳朵"看到"真相——女儿在练琴的同时偷看小说，而且是在用左手翻书，右手弹琴的。事实证明她又对了。母亲当即陷入爱的惯性。上天既然选你做了母亲，就不会让你的眼睛揉进一粒沙子。

女儿并不想骗母亲，她只想做个实验。灵感来自电视节目中，化妆成路人的影星成功逃过影迷的追逐，过上了另一种生活。女儿想和母亲做类似的游戏。如果被母亲认出来她就立刻认错。如果认不出来，她打算在事后向母亲坦白，下不为例。

所以那天，当她踩了高跟鞋，佩戴假睫毛和褐色假发，用白粉盖住脸上所有的痣，涂了口红和眼影，身上喷了粉色香水，然后鼓足勇气站在母亲回家的必经路口时，她甚至已经准备好被当场揭穿的说辞了——假发和高跟鞋是为借来排练学校社团的话剧用的，妆是在附近的商场免费做的。但母亲连看都没看她一眼。她的脚步如此轻松，心不为任何事情羁绊担忧。

女儿改变计划了。她打算再试一次，真的下不为例。这次，除了之前那套，她还增加了一条紧身连衣裙。对付母亲的说辞也和上次一样，然而，鱼咬着鱼饵整装待发，渔夫却不愿拉竿——母亲再次无动于衷地经过了。

女儿挑战母亲的愿望越发强烈。她下定决心孤注一掷，向母亲介绍全新的自己——丰胸翘臀，长腿细腰，睫毛浓密，肌肤雪白，浑身馨香，手指夹烟。为了让对手的挑战难度减轻，在化妆时，她还特地把鼻尖的痣留了一颗。如果母亲还不抬眼皮，她就准备当场摘掉假发，把这个新形象硬塞到她眼中。母亲来了，女儿在街角紧张地踱步，一刻也停不下来。实验成功了，这次，母亲终于看到了她。但她的目光只接触了她一秒，便面色煞白，避过头去。等女儿回过神来，母亲已经惊慌失措地，像躲避瘟疫一样，从她眼前消失了。

女儿当即明白，她成功完成了不可能完成的任务，做到了从母亲的眼皮底下大方逃脱。作为一个崭新的自己，她将免受责罚，自由支配身体——而这个身体，不是二十年前从母亲子宫中孕育出的那个错误的躯壳，而是经过矫正的，刚刚在这个路口诞生的敏感而多情的新生命。属于她的时代帷幕正式拉开。于是，她取消了原定计划中荒唐的坦白部分，开始壮着胆子，穿着这些令母亲惊恐万状的衣服和男人约会，踮起脚钻到他们怀里，把红唇印在他们脸上，然后对他们接下来的要求说不，眼睁睁看他们在欲望的焰火中饱受煎熬。曾经，在她乏味的躯壳面前，男人们为他们得不到的珍馐仄气冲天。而现在，他们握住她的高跟鞋恳求怜悯，揽住她的腰，眼巴巴盯着她的胸和屁股，用脱离实际的甜言蜜语讨好她，口水滴在她的裙角。每当此时，她依然只想放声大笑。当然，她并不担心男人们会从这笑声中感到异常，因为那已不再是曾经背负着原罪的自嘲。这是孩子般狡黠的笑，恶作剧式的笑，轻盈的笑，纯粹的笑。现在，他们跪在她的脚边围成一圈，泪水涟涟地央求她主宰他们的命运，她笑得越厉害，他们就越想把她抓紧。只要她发笑，他们便觉得看到了上帝。

3.

站在街口的女人让母亲难受。事实上，母亲早就注意到了她。她在街口踱步，看上去如此焦灼不安。母亲很想平静地从她身边经过，但她还是忍不住抬起头看了一眼。就在那刻，如她所担心的，她看到了自己——那个早已被留在过去的自己。

就在女儿这个年纪，她和一位年轻人深陷爱情。那时，她丰胸翘臀，长腿细腰，睫毛浓密，肌肤雪白，浑身馨香。年轻人爱她的美丽容颜，她爱年轻人的青春叛逆。在感情浓到化不开时，年轻人趴在她耳边柔声询问，要还是不要。母亲搂着他的脖子，恐惧像砸在身上的冰雹，使她浑身瑟瑟发抖。这当然不是他第一次做此请求，但也正因为此，她不能再装聋作哑。要还是不要，母亲需要马上做出决定。年轻人已经越发急躁了，这不是个哲学问题，用不着想上一辈子。母亲没有立刻回答。要或不要，两种答案她都说不出口。在她看来,无论如何选择,表态本身就是错误的,因为它完全背离了问题中隐藏的柔情。爱情在思考中击败了恐惧,而恐惧在黑暗中最终战胜了爱情。母亲投降了,她决定放弃表态,放弃挣扎,为了能长久地占有年轻人的爱,她像个俘虏,将身体交了出来。

口是心非的代价是,她怀孕了。年轻人说,他要娶她,前提是不能要这个孩子。他们插在社会川流中的双腿还在软绵绵地打晃,比起为人父母,他们更需要放手一搏的自由。

母亲并不相信年轻人的话。她背着他看医生,坐在候诊室里,摸着尚未隆起的腹部,内心甜美平静。此刻,世界都因她体内的变化而柔软,而更重要的是,她相信年轻人的心也将因此变得柔软,就像他的那些吻一样。在医生的屏幕上,她第一次见到了被称为受精卵的小东西。这是她的孩子,她默默和她打了招呼。在她几乎心满意足地离开检查室时,医生拦住了她,例行公事地平静询问,这个孩子,要还是不要。医生说,太多夫妇在怀孕后期才选择不要,这样做会对身体造成很大伤害,所以现在,他们需要在孕早期向每位病人核实确认。

母亲觉得受了侮辱,她冲出医院,仔细回忆那个被俘的夜晚。想到几个月后自己的身材将完全走样,而年轻人甚至还没见过她的母亲,她绝望了。抬起头,她看到一位年轻妈妈正为怀中小儿拭去口水,推婴儿车的爸爸侧身为孩子创造阴凉，柔软再次注入她的内心。她擦干眼泪，像所有期待生育的母亲那样，撑着想象中早已隆起的腹部，仰起脖子喝下一大杯水，向那个蜷缩在她身体里的孩子输送了两粒复合维生素。

要还是不要。这句话在她的心里生了根，且生长速度甚至超过了孩子。年轻人又在催了。不要，他的态度很明确，我们的生活不能被这件事束缚。在一次例行检查时医生告诉她，如果决定终止妊娠，可以服药，也可以做手术。如果选择服药必须趁早，所以她只有五天时间决定。现在，距离这个期限只剩一天了，她再次陷入挣扎。要或不要，她依然说不出口。而这次，在对未来的恐惧，包括那场可能发生的手术的恐惧中，她再次投降了。她在无力的哭声中，把决定权交给了两粒白色药片。它们在二十四小时内折磨了她，用强大的宫缩将她错领的母亲称号销毁，然后把她一个人活着放了出来。

母亲从未对任何人讲起过这段经历，包括 X 的父亲。对她来说，伤心往事已成过去，她早已不再是那个鲁莽的姑娘。而如果这段隐藏的秘密还有一点儿价值的话，那么她希望，她的人生将不会在女儿身上重演。为此，她愿意用生命保护她。只要女儿安全，她便是称职的母亲。

4.

女儿二十一岁生日那天,被母亲紧紧攥着的秒表发出了警报——女儿体内的卵子仍在沉睡,是唤醒它们的时候了。生日过后第二天,母亲便带着她匆匆来到医院,经过一番化验,甚至小题大做地检测了基因之后,噩耗传来,女儿患有罕见的特纳氏综合征,终生不孕且不可治愈。

好消息是,即使先天性卵巢发育不全,只要按时服药,仍有机会通过人工干预的方法形成例假。母亲对于任何冠以"人工"的术语都格外谨慎——这无法不让她想起那场惨绝人寰的流产,因此,她尝试向医生提出换一种治疗方法,但这个要求当即遭到否决。医生斩钉截铁地告诉她:"全世界也只有这一种方法。您要相信科学,只有通过人工干预,您女儿的激素水平才有可能恢复平衡,她的身体综合素质才会更好。"

人工干预的具体做法是,每连续服药二十八天便要停药,这时会出现例假,三到五天后再继续吃药,周而复始,循环往复。虽然母亲并不完全相信这个理论,但她还是拿出当年陪伴女儿练琴的精神,把监督并记录她的身体变化当成全日制工作。在第一个二十八天结束时,她们就像迎接贵宾似的穿戴整齐,闷在房间里一动不动,但在那死寂的三天中,谁也没来敲门。第二个二十八天很快过去，这一次，她们都装作无所谓的样子，把停药当成别无奢望的短暂假期。奇迹就在这时出现了，猩红陈旧的血从女儿的身体里涌现出来，仿佛枯山中突然冒出了汩汩清泉，而伴随而来的还有腹痛——母亲从女儿煞白的嘴唇便看出了这一点，为此，她不失时机地向女儿证明了自己不能被埋没的观点，"不是妈妈不带你看病，一切都是为了让你少受点儿罪。"三天后，使这一切得以发生的神奇药片终于让流血和疼痛像魔术般悄然结束，新的周期再次开启。从那以后，谢天谢地，女儿的身体有规划地步入了正轨。

但母亲很快发现了新的问题：随着女儿体内激素水平的调整，她的乳房逐渐隆起，平板一样的身材变得玲珑有致，皮肤比从前光洁透亮。但与此同时，一种难以驯服的神情也开始在她脸上浮现，她的脾气大幅见长，偶尔还会公然反抗起她的权威。这些令人警惕的信号无不表明，女儿不仅在变漂亮，和所有莽撞少年一样，她正成长为一位真正令人担忧的大姑娘。

5.

漂亮是母亲的天敌。尽管她在年轻时获得过貌美如花的赞誉，却从未自诩美人，并一心认定红颜薄命是亘古不变的真理。一次，电视上正播放陪酒女郎集体被捕的新闻。由于是现场直播,镜头少见地没打马赛克。一个头发蓬乱、身材臃肿的女子惊慌失措地出现了,在她发现镜头并双手捂脸之前,主持人早已发出激动的感慨:她至少五十岁了。

"这么老还干这个!"母亲惊讶地说,"而且还不漂亮!"母亲目不转睛地盯着屏幕,如果可以,她真想把这个女人拽出来谈谈。接下来,一个年轻标致的女子登场了。她是主角,冷艳摩登,无视镜头,衣着华丽,她的出现使整个画面都鲜亮起来。女儿真想再多看一会儿,但母亲就在这时关掉了电视。"这么漂亮的脸蛋干这个,实在太可惜了。"母亲不知道,这句话碰触到女儿内心的达尔文情结:因为她不属于漂亮的人,所以就像她无权在自然选择面前侥幸生存一样,她也无权从事此类职业——不是她拒绝选择,而是连这种坏事也压根儿轮不到她。

但这恰好是母亲深信不疑的事实:漂亮本身就是最大的危险,因为女儿不漂亮,所以她可以幸运地被危险抛弃。可是现在,女儿变漂亮了,不仅如此,她还不知羞耻地用"性感"二字形容自己的身体,甚至对母亲为她制定的行为规范充耳不闻,仿佛母亲不是母亲,那些激素药片才是她的亲生母亲。面对这些令人痛心的变化,母亲曾经最大的担忧再次涌上心头:总有一天,女儿会像一匹脱缰的野马离她而去,她会闯到被明令禁止的一切地方,就算满身扎满荆棘也绝不会回来。

6.

漂亮并非女儿的天敌，而是她的天性。虽然她从未真正觉得自己称得上漂亮，站在镜子前，她总是对布满脸庞的痣耿耿于怀，但她就是无法闭上潜意识中那对善于发现美的眼睛。在程序化的治疗中，身体的变化令她喜极而泣，但比发育重启更深刻的变化是，那个曾经沉闷的灵魂已经逝去，一个活跃的新灵魂已经悄然进驻到她绚丽绽放的身体。于是当这朵娇艳的鲜花成熟到悄然淌蜜时，她只想找到一个可以分享喜悦的亲密同伴。

那位获此殊荣的男士正是密西西比短吻鳄，但此刻，她情愿忘掉他无限聚焦的双眼，而把他重新视为一位本质老实，相貌土气，少年老成却多愁善感的好人。在她的众多约会对象中，唯有这位的热情堪称旷日持久，并曾在关键时刻难能可贵地对她的严守底线大度让步。她约他在老地方见面，先像从前那样暧昧了一番，然后迫不及待地，用慷慨的肢体语言授予他做出更进一步举动的特权。

但他拒绝了她的好意，"你这是什么意思？"他一边把她推开一边说，"这不合适，我们不是那种关系。"

"哪种关系？"她疑惑了。

"我们只能算朋友。"他抱歉地说，"你不是我喜欢的类型。"

"那之前算是什么?"

"要算这个就没意思了。"

她想起了他那些可怜巴巴的耳语,欲火焚身的眼神,肺简直要气炸了。她完全是出于大度,而不是出于爱,才要将这个独一无二的机会让给他。"太可笑了,"她向他嚷道,"你不配。"

"相信我,只有我能容忍你这么久。"他立刻还击道,"是你不配。"

"你说什么?"

"我们之间能到当前程度已经超越极限了!这种关系不可能再发展到那一步。"

"为什么不能?"

"你怎么总要刨根问底呢?"他失望地摇摇头,"因为我直到现在也没找到那种感觉。"

"哪种感觉?"她在恼怒中问出了马上就让自己后悔不迭的话,"你是嫌我不够漂亮?"

"你确实不够漂亮。"

她当即被这句坦率的供词击败,下意识地用手捂住脸。倒不是因为它的内容多么残忍,而是因为是从他嘴里冒出来的。他倔强地瞪着她,眼里露出古怪的神情,这使她感到自己的一生似乎都在他丑陋的目光中惨遭污染。然而悲哀为她开启了另一道视角,那便是这位看上去趾高气扬的男人实际上从来没有,也根本不可能对任何人产生感觉——假如他是曾经的她的翻版,不分对象地对那种事提不起兴趣,那么他此刻故意激怒她的做法就完全值得谅解了。

"我不会和你计较,"她尽量将语气恢复温柔,"就算你有问题,就算是那方面的问题也没必要瞒着我……"

遗憾的是她这次猜错了。因为他在瞬间恢复了密西西比短吻鳄的本来面目,恶狠狠命令她"看着我"。在她惊恐的注视下,他雄赳赳拉开裤子亮出身份,挺直腰杆摇晃起那杆无端遭受羞辱的火红旗帜。他的表情既凶猛又痛苦,嘴里喷出热气,脑门上的青筋飞快地跳跃,浑身都随着那面旌旗弯弯曲曲地乱颤,仿佛在敌人的扫射中屹立不倒的战斗英雄。但事实正好相反,因为她非但没显出半点儿同他交战的迹象,而是像支风中之烛般瑟瑟发抖。起初她想要尖叫,却发现自己已经失去了发声的力量。不仅如此,她还失去了逃跑的力量,扭过头闭上双眼的力量以及哭泣的力量。作为这场危险表演的发起人,她别无选择地服从了这位男伴的指令。而在突如其来的恐吓中,她被迫沦为一名观众,一名虚弱的人质。

7.

就在前几天,母亲和女儿一道去美术馆参观。在被名画环绕的大厅里,母亲惊讶地问女儿,这就是你最喜欢的艺术家的作品?

"是的。"女儿兴奋地说,"这些都是她的自画像,是弗里达最著名的作品。"

母亲戴上老花镜凑近观看,试图透过画作窥到女儿内心。袖珍画上的女人美丽冷艳,黑色的眼中露出挑衅的神情,头发油光水亮地在脑后盘起,两条浓密的眉毛汇集成一股,就像一只展翅飞翔的黑鸟。

"她难免太自恋了。"母亲评论道,"我不喜欢。"

而在一幅名为《我的诞生》的画作前,当女儿情绪激动地泛起泪光时,母亲几乎要立刻把她的眼睛蒙住了。这是幅表现分娩场景的作品,画面里,躺在床上的母亲上半身被白床单盖住,一个胎儿从她的下半身探出脑袋,眼睛紧闭,周围是一摊发黑的血。

"你为什么喜欢这种作品?"忧心忡忡的母亲问,"实在太叫人恶心了。"

女儿并不想向她解说女画家多次流产的不幸遭遇,她只是轻描淡写地回答道,"这是她的代表作。"

母亲听出了女儿的应付。历经整场令人压抑的参观,她对她的心理状态深感忧虑,不敢相信这位在恐怖场景面前像狼一样双眼散发野性光芒的姑娘和那位搂着毛绒玩具入睡的小女孩是同一个人。她想像从前那样教育她,给她点家长的颜色看看,但话未出口便自动打消了这个念头。事实上,她已经很久不这么做了。自从女儿脱口而出的不再是"好的"而是"不行",成天把"独立"挂在嘴边,母亲便明白了她的地位岌岌可危。她费了不少力气才从被否定的灰心丧气中走出来,决心向那种不拘小节的家长看齐。女儿大了,她想挣脱她的怀抱,无非是因为她想要追求自由。但自由从来不是被放任自流的衍生品,而是等价交换的产物(母亲曾以人工流产的代价换取了自由)。于是她向女儿提出了唯一的要求,你长大了,搬出去独住可以,但一年之内必须找人嫁掉。外面如此危险,你必须有人保护。

"当心。"在另一个展厅,当女儿盯着《大卫》雕塑复制品的隐私部位看个没完时,母亲说。米开朗基罗历时三年凿刻完成这件作品,而母亲为了塑造女儿,已经用掉二十余年。即使仅从时间维度评判,女儿也是更加伟大的作品,因此无论何时,母亲更愿把目光投向女儿。所有人都对人体好奇,这无可厚非。但在艺术面前,好母亲能够宽恕女儿的无知,并能及时把握教育的良机。

"假如任何人向你露出这个部分,立刻报警。"

8.

意大利电影大师费里尼曾经感慨,梦是唯一的现实。母亲当然不会赞同这个说法。对她来说,如果上述结论成立,那么她的现实是由可怕的噩梦堆砌的王国。但对女儿来说,她愿意相信费里尼。而即使结论错误,至少,她最大的秘密就隐藏在梦中,并且远比现实完美。没有人会知道她的秘密,尤其母亲。

现在,这个身材矮小,发育迟缓,脸上布满黑痣的女儿正极不情愿地从梦中醒来。这并不是她第一次做这个梦。但每次从同样的情节中醒来,她都只想像潜水员那样纵身一跃,再次返回梦中。她是被自己身体剧烈的痉挛摇醒的。此刻虽然眼睛紧闭,她还是能清楚地回想起梦的全部。

那是个黑白的世界,静寂,短暂,入口隐蔽。就在昨夜,这里,她和一个陌生男子边吸烟、边无言地并肩站在一起。从房间里四处散落的玩具判断,这也许是她的卧室。过了一会儿,他们开始交谈——他们的嘴唇都没动,因此没有声音发出——然而他们仿佛已完整理解了彼此。她记得自己说的全部内容,她向他诉说了她的爱,她无时无刻的思念。但她最后平静地解释,她没有资格享有他,因为作为女人,她的身体并不完整,她将永远不会向他发出女人的信号。

她在重复解释这些内容,仿佛这些话是可以将时间凝固的药剂,只要不断讲述,就能让时间永远保持在和他独处的分秒。他开始讲话了,声音在她的内心得到感应。他说,每个人都是完整的,不要怀疑自己。

"每个人都是完整的,不要怀疑自己。"他的语气坚定，听上去不像是安慰，而像是公布真理。

然后他转过身，帮她把手中的香烟掐掉。没有香烟，她的双手垂在虚空。他宽阔的身体靠近她，将她的影子覆盖，然后将她覆盖。她没有移动，没有反抗，唯一做出的回应是牢牢抓住他的臂膀，让自己像婴儿般蜷缩在他怀中。

她的脸也埋在他的手臂里，体会着强壮的温暖。那个声音依然格外清晰地在心中回荡："我们都是完整的，不要怀疑。"

她几乎要在他的手心睡去，这时的睡眠该是多么醉人和安宁。然而，她感到有什么东西在一次次冲撞她的身体，平稳均匀，铿锵有力。随着撞击，她听到来自远方的钟声嗡嗡轰鸣，这声音越来越大，从混沌到嘹亮，震得满地杂物也跟着哗哗作响。她在那一瞬间突然明白他就是敲钟人，而她自己，是这口响亮的钟。她被这伟大的场景感动了，于是加倍用力地抓住他，和他反方向地荡来荡去，直到钟声把玻璃震碎。

他还在敲钟。在这个无尽的世界里，时间流逝得如此缓慢，没有尽头。他在她身体上敲响的并非时间，而正相反，钟声也在呼唤，忘记时间吧，适应这个永恒的世界。他竭尽全力地撞击她，毫无停下来的迹象，直到钟声变成一片混沌的汪洋，他感受到她的颤抖。在这阵无比惊奇而欢快的痉挛中，时间终于完全消失了。

K, X

1.

K很快便接受了X的邀请,搬到她的家里同住。虽然他自己的公寓看上去更加体面,但那里让他感到筋疲力尽。而她的家不同,这里没有历史,没有束缚,没有父亲的影子,并无法忽略的是,在丰富多彩的食物面前,他还能充分施展美食天赋。

K拥有异常敏感的味蕾,他不仅能品尝出不同品牌威士忌的细微差别,还对各种香料了如指掌,只蘸一点儿放在舌尖,便能轻松叫出它们的名字。要不是为了不辜负他那双钢琴家的手,他觉得自己对当美食家更为在行。不过,下厨房这种事绝不是单身汉的娱乐首选,只是现在,当无论他做些什么都会得到她全心全意的赞美时,他的热情才被完全点燃。

很快,烹饪就从满足口腹之欲的家务事变成爱的战场。一次,X趁他制作香蕉馅饼时,把放在一边的奶油抹在了他裸露的胸口。她的恶作剧立刻得到还击,因为他抓起更大一把奶油塞进了她的脖子。狂笑之后他们四目相对，收拾残局的方案不言自明，那便是他们争相像猫一样趴在对方身上舔舐甜腻的油脂。这一远超闹着玩的举动让他们都脸红心跳，但比起率先结束这个挑逗的游戏，他们更不舍得把对方从自己怀里赶走，于是都坚持着气喘吁吁地完成了挑战。那个晚上，他们辗转反侧，被同一个问题折磨得无法呼吸：在无性的恋爱关系中，这算不算越界。

第二天一早，X 就在他们起床之前给出了答案。她首先向 K 道歉，因为所有意义含混的举动都是由她发起。但她随后说道："能决定到底这种事今后该不该再次发生的前提只有一个。"

"是什么？" K 问。

"你认为是什么？" X 反问。

K 完全猜不出，他挠着头皮试着回答："我们双方事先同意？"

他显然没命中要害。

"要有一方主动承认错误？"

X 不能忍受他再这样胡猜下去了。"我们为什么谈恋爱？"她严肃地问。

K 示意她往下说。

"因为我们相爱，并且我们早就推心置腹地明确了交往前提，深知彼此的需要，对吗？"

K 点点头。

罕见的爱

"而也正是出于对这个交往前提的尊重,我们才对那天发生的事心怀歉疚。"

她说得有道理。

"因此,假如我们把结婚视为最终目的,就不必再为这种小事束手束脚。要知道,即使在无性婚姻中,我们也将不是两个孤独的人,而是一个再不孤独的整体。"

2.

对 K 来说,她的话不是爱的絮语,倒像是爱的警笛。尽管他的确是在对无性婚姻赞同的前提下和她展开交往,但一想到自己似乎离"丈夫"的头衔不再遥远,便因担心无法胜任这一要职而感到心虚。虽然在接下来的几天里她都再也没提这事,但他却像突然连通了雷达似的,从日常生活中频频接收到耐人寻味的弦外之音。比如,当她在晚餐时提起煮饭的炊具太陈旧需要换套新的,并且最好能用上十年时,他听出她是在为他们不久之后的婚姻生活做物质准备。而当她兴高采烈地描述其他夫妇有趣的生活细节时,他的后背便会冒出滋滋凉气,因为任何对他人的赞美都是对他无所作为的质疑。

起先,他决定对这些可怕的暗示装聋作哑,担心一旦积极地响应其中任何一个,便会身不由己地卷入到下一个,而那场他无论如何没做好准备的婚事则会势不可挡地提前到来。但他很快就放弃了这个做法,倒不是他自己主动投降,而是她的策略变了,她没收了他保持沉默的权利,而只留给他二选一的机会。

"你是否考虑过换个工作?"

"暂时不要。"

"我们明年要不要订阅这份杂志?"

"到时再说。"

"米沙·麦斯基的音乐会和林肯公园演唱会,看哪个?"

"米沙·麦斯基。"

"暑假就要到了,我们是该去国外旅游还是待在国内?"

"待在国内。"针对这个问题,他格外认真地想了一会儿才得出答案。在他看来,这个题目和蜜月计划有种隐蔽的联系。

"那么,寒假一到我们就去国外好么?"

他当即明白自己中了圈套,面对狡猾的猎人,再聪明的狐狸也无法逃出布局周密的天罗地网。他为生活中竟然充满如此多的明日之争而沮丧,深感自己正被一步步拖向悬崖的边缘。

直到有一天,她叹着气哀怨地说:"我们是不是该搬到大一点儿的地方住?一个客厅宽敞卧室明亮,最好还能有阳台并且靠近公园的地方?"

他被这句话中如此明显的言外之意激怒了:"为什么?现在不是挺好吗?"

她不甘示弱:"好在哪儿呢?难道我们就这么过一辈子吗?难道因为我们有生理缺陷,就必须也要容忍生活的缺陷吗?"

在她像宣讲真理般毫无纰漏的辩解中,他哑口无言并再次感叹,错误的问题根本没有正确的答案。这让他怀疑起他们的爱,但问题究竟出在爱得太多还是太少呢?他又迷惑了,因为他甚至无法感觉到爱的重量。天啊,他倒吸一口凉气,爱去哪儿了。

3.

她的确爱他,全心全意想嫁给他,当他搬来和她同住时,这个想法就日夜不停地催问着她的灵魂。但在那个脖颈上不断飘散出奶油余香的夜晚,她想到最多的却是,自己究竟是因为母亲的敦促,还是出于自愿要和他结婚。遗憾的是,她无法掂清这两者的分量,假如她的爱像金子一样纯粹,那么母亲的命令则像钻石一样坚硬难挡。在后半夜时,她忧伤地进入半梦半醒状态,一边回想着他们的过往,一边任凭枕头被泪水淋得湿透。

他与众不同,这既表现在他的演奏中,也表现在生活的每个细节:他比她所有的露水情人都更有分寸。密西西比短吻鳄在和她接吻时总说，"亲爱的，看着我。"在这句话中，让她更厌恶的不是后半句"看着我"，而是前半句"亲爱的"，它听起来就像信手拈来的野草，却被当作是荣耀的花冠戴在她的头上。但K从不滥用这些俗气的称谓，他像诗人一样善于抓住生活的灵感，把它们变成众多永远听不厌的有趣绰号。不仅如此，他的吻也绝不像食物贫乏的猛兽似的毫无美感，不到口干舌燥决不罢休。他的吻是温润的雨，是浓情蜜意的情话的句号，而只有在这样的吻中，她才甘愿把自己的灵魂缩成一团被他小心地一口口含化吞掉。

但是不止灵魂！就在几个小时前，当他们为彼此舔净最后一抹奶油之后，她狂奔进洗手间打开淋浴喷头，在热水的冲击下抓起肥皂拼命摩擦身体。很快，她的手指上就沾满了滑溜溜的透明液体，而那并不是皂液，而是来自她身体内部的雨露。她冲出淋浴间趴到地上，从盥洗台最低处的夹板缝里掏出一只铁皮方盒，娴熟地将它打开，从中取出一个小巧的银色仪器。她就势坐在地上启动按钮，但刚一听到它的响声就立刻从地上弹起来，带着它重新返回热水的怀抱。直到水声的掩护使她确信那沉闷的马达声不再像是惊雷轰鸣，才迫不及待地让它贴紧自己饥饿的身体，并情不自禁发出一连串满足的叹息。

"洗完了吗？"她听到他在外面关切地大声问。

"还要有一会儿……"尽管她努力使自己的声音听上去自然响亮,但他还是敏感地捕捉到一种有气无力的异常。

"一切都好?"他把脸贴在门框上继续喊。

"是的,一切都好。"

为了打消他的疑虑,她只好彻底关闭了那个袖珍工具并把它藏回原处。但在真空般的失落中,那股无法抑制的冲动再度冒了出来——她想在他的注视下探索自己的身体。她想把他从想象中的搭档变成现实中的观众,变成心甘情愿屈服于她的人质,让他为她毫无保留的表现陶醉喝彩,借用他修长的手指为她带来慰藉。当这个想法初次诞生时,连她自己也认为它来自那段不堪回首的经历所造成的创伤。但随着她能越来越投入地完全沉浸在这一假想里,才逐渐确信自己的动机绝非报复,而完全出于信任和爱。在这个完美的场景中,她才是把自己的一切都交给他监督的人质,而作为主角,他的每个号令都将被当机立断地服从。当然,这些想法将会永远留在心里,比起他们刚刚尝试的奶油游戏,它显然已经可怕到说不出口。

在漫长的思考中,那个问题就像跌入不断搅动的水,盘旋的答案似乎永远无法沉淀——在无性的恋爱关系中,他们的游戏究竟算不算越界。时间在回忆中流逝,最后的睡意袭来之前,她侧耳倾听,充满感激地发觉无论如何,爱一直顺着生活的毛细血管汩汩流淌。她是爱他的，只要这点确信无疑，她就不必再心存顾虑。

清晨到来，她鼓起勇气向他发出结婚的暗示，并感到自己被一种神奇的力量完全填满。这力量令她模糊的视力变得清晰，并将使她的生命因有所期待而意义重大：当他求婚的那一刻，她会迫不及待地答应成为他的妻子，虚无缥缈的遥远未来就要结束，新生活的黎明将从他们订婚戒指金灿灿的反射中绚丽开始。

4.

令人紧张的一刻总算来临，她的母亲要来共进晚餐，而他无法推脱为这位特殊客人烹饪的重任。不幸的是，他的精湛厨艺也受到了懦弱症的感染，拿手好菜印度咖喱鸡块如今完全失去了应有的水准，煮欧芹像棉花一样没有丁点嚼头。

虽然这是他们的初次见面，但从她进门那一刻起他就预见到大事不妙，因为这位干瘦的女士只仰起头望了他一眼便像下巴脱臼似的合不拢嘴，却没有一个字从那里面落出来。在正式开饭时，她并没有抱怨糟糕的晚餐，但这不是出于礼貌，而是她尚未从错愕中缓过神来。她默默地把食物送进嘴里，显然根本不知道自己在嚼些什么，直到被一块骨头卡住而咳嗽不止，那位不男不女的未来女婿为她端上一杯水时，她才清了清嗓子,做出了当晚对他的唯一表态。

"没用的。"她狠狠地蠕动着口腔,仿佛那些话需要被牙齿碾碎才能吐出似的,"不管你以后会和谁结婚,总之不是我女儿。"

他简直不敢想象身边这位女朋友已经告诉了她的母亲什么。但问题是,尽管他同时感到冤枉和屈辱,此刻却拿不出一句能对付她的句子。就在他苦苦酝酿措辞时,她靠过来抱住他的手臂求情道:

"妈妈别这么说!他人很好,你会喜欢他的!"

"绝对不行,这件事你必须听我的!"母亲激动地用勺子敲击桌面,仿佛在为她说的每个字下面配上重音标点。

"可是我爱他,我们是真心相爱!"女儿说到一半时不由得停顿片刻。这是她第一次把"爱"这个字隆重公开,不过显然,唯一没被吓到的是母亲。

"爱?闭嘴!你简直什么也不懂!"

"可是……"

"没有可是!"

"这是我自己的事情,我说了算!"

"你怎么能这么和我说话!我是你的妈妈,而他充其量不过是个……外人!早晚有一天你会明白你现在有多糊涂!"这位比女儿高出一头的母亲愤恨地嚷着,把她像只小鸟一样抓了出去,用了整整两个小时才拔光她的羽毛放她回来。K不用问也知道发生了什么,因为那只小鸟看上去已经奄奄一息,她的眼睛里噙满泪水,直挺挺地躺在床上发呆。

"她说,如果我们继续交往下去,她就去死。"这位新娘梦破碎的小鸟发出绝望的哀鸣。

他心如刀绞,想立刻冲上去搂着她渡过难关,却像粘在地上似的一动不动。一种更巨大的情感霸占了他的心——他意识到自己将再也用不着为应付她的提问而冥思苦想,再也不必为挣脱隐形的束缚而绞尽脑汁。被否定的婚事将使他重获自由,就像曾经被诊断为没有生育能力而被父亲放过那样,他再一次感到自己没有坠入悬崖,而是终于得救了。

5.

为了避免让那位冲动的母亲为他们的交往刚烈殉情,K提出想要尽快搬回自己的公寓。但这一企图立刻遭到最致命的拦截——他的女朋友没收了他的公寓钥匙,还藏起了他的身份证和钱包。

"你哪儿也不能去,"她的语气不容商榷,"我们就待在这儿。"

从她脸上浮现的得意神情中,他看到了那位母亲的影子,而这一令人不安的联想几乎直接抹杀了残留在他心底的一线柔情。他一边狠狠拉开每个抽屉翻个底儿掉一边愤怒地质问她:"你为什么非要这么做呢?

难道你就一点儿也不在乎别人的感受么?"

"不,为了你我不会在乎。"

"我是说我的感受!你在乎我的感受么?"

"这还用问!但你不觉得你的想法太冲动了么?我只是在帮你尽快恢复冷静。"

"我一直都很冷静!"他把嗓门又调高了几度,"好吧,就算你全都是为我着想,那么你能也试着为自己考虑么?你在我身上付出的一切真的值得么?"

"当然,因为我爱你,"她眼中噙着泪花说,"爱能让我克服一切!"

天啊,K真愿用他的一切发誓,再没有任何别的什么话能比"我爱你"这三个字更加令他恐慌。而在她呼之欲出的泪水烘托下,此刻几乎只差一段哀乐作为伴奏了。以前,这句话是他们彼此心中默诵的信念,是层故意没被捅破的窗户纸,但现在,它却成了她挂在嘴边忘记舔净的米粒,一句信手拈来的熟练台词。它不但能以开篇的形式出现在随便什么内容之前,也能理直气壮地为任何烂摊子收拾残局(正如此刻)。不仅如此,它还被塑封在透明薄膜里贴在冰箱门上,制作成标语印在套头衫胸前,甚至简化为各色桃心形图案并由此衍生出更多传情的表达。当然,他并不怀疑她每次说的都是真话,也依然充满感激地意识到她是全世界唯一能对他全情付出的人,那么既然如此,就算这个确凿的事实已经变成一句泛滥成灾的口号,他为什么就不能宽容地聆听,而非要表现出坐立不安呢?他难道没发现他在此时越显得慌张,她就越要把那句话像咒语一样重复不停吗?

6.

K很清楚自己的不安来自:她自顾自的表白让他感到像是被隔离在了关键对话的盲区。当"我爱你"这个情侣关系中的上半句已经不再只停留在她的心里时,他理应答出相应的下半句。但问题是,她从来不问,仿佛自从那天在餐桌上当着母亲的面单方面宣布了爱,她就决定了在今后的日子里单打独斗似的。K不由得想起米亚和他共度的最后一晚曾经可怜兮兮地问"你爱我吗"。当时他被这个问题羁绊而绞尽脑汁寻找托词,只为让对方理解自己的身体和灵魂步调并不一致。但现在,他正是在等待这个一模一样的问题再次出现。她的失声使他若有所失,以为自己说真话或者假话的权利也被她同公寓钥匙和证件一起没收了。

是她天真过头所以忘了么?有一次,他故作轻松地旁敲侧击,可她竟然立刻把话锋向另一个方向引导而去。这让他明白她是在故意回避——她单向的抒情是为了保证他在更加隆重的场合无法犯错,因为对她来说人生中仅有一个错误承受不起。

但那个考验真心的时刻还是来了——他从洗手间

盥洗台深处的夹层里翻出了钥匙、身份证和钱包!他欢天喜地地摇晃着铁皮盒子朝她炫耀,仿佛这些宝贝是他掠夺的战利品。

"你是怎么找到的!"她脸色煞白地冲到他面前,一把夺过那只盒子,并把属于他的物品悉数奉还,直到确信他根本没注意到那只银色的电动工具才眼圈通红地央求道,"东西我都还你,但能不能答应我不要马上离开……你知道,我所做的一切都是出于……"

她在吐出"爱"这个字眼时气若游丝,就像在那一刻被扼住了喉咙。这个偏差使得整句誓言头一回显得不那么真实。而这种话只要有一次掺假,那么它在日后每一次出现时就都将不得不遭受怀疑。

"我可以先留下来。"他说。

"但是你爱我么?"她的声音简直轻得像只蚊子飞过。

他毫无准备,在真话和假话之间拼命跺脚。

"没关系,这并不重要,"她掐断了他思考的时间,"你只要相信我就足够了。"在说完这句话之后她便恢复了缄默,带着铁盒回到洗手间,打开淋浴,并把自己长久地关在里面。

7.

他们面面相觑了几天,每件事都无法达成一致意见。她提出为了坚守爱情，他们应当远走高飞。而他既不想戳破她的幻想，又不能真顺着她的意愿蛮干。濒临分手之际，米沙·麦斯基的音乐会如期而至，他们谁都不愿意浪费宝贵的入场券，于是像初次约会似的扭扭捏捏共同前往。

舞台中央，米沙·麦斯基的身体弓成一团，和大提琴环抱在一起彼此演奏着。曲目是肖斯塔科维奇的作品，大提琴协奏曲第一号。这部音乐完成于1959年，是为献给作曲家的朋友，最杰出的大提琴演奏家罗斯特罗波维奇而写成。作品分为四个乐章，第一乐章难度极大，也最有代表性。

麦斯基在演奏的正是第一乐章。他灰白色蓬松的头发随着身体颠荡着。C-B-E-D，那来自1959年的节奏正激荡着他的全身。他的手臂有力地运弓，动作剧烈而平稳，头深埋在臂弯中，眼睛紧闭，血管在面庞上跳动，仿佛一名正在奋力锯伐巨树的壮工。

不远处的圆号奏得嚣张，麦斯基鲁莽的挥舞与砍伐越来越快，争分夺秒到让人不得不屏住呼吸。他手中的琴弓和琴弦摩擦产生出炽热，巨树的创口火花四溅，似乎立刻就要燃起熊熊火焰。在渐强的合奏中，他的手臂以极限的幅度来回抽伸，身体也像钟摆似的左右晃动，完全无法停止下来。

C-B-E-D。仿佛听到了什么暗示，麦斯基睁开眼睛。他灰色的瞳孔中充满疲惫，动作也开始放慢变缓，仿佛马上就要睡去。林中的鸟兽都紧张起来，无休无止的撕扯声息渐渐归于平静，一切都在预示，那个时刻就要来了。

一声巨响，大树轰然倒地。溅起的灰尘迅速铺撒开来，把万物都罩上一层灰。第一乐章戛然而止，音乐厅中鸦雀无声，只弥漫着来自木头新鲜断口的清香。

8.

要不是麦斯基的卖力演奏，她几乎要忘了曾经在棉花俱乐部激情澎湃的键盘手。那个形象是她的爱的根源，而她一直努力试图相信此时的他和彼时的他是同一个人，就像白天和黑夜，搭上晨曦和黄昏的纽扣就形成整体。但事实上，她既记不得那个人，也并不了解现在这位。在演出过程中，当麦斯基把曲子演绎得高潮迭起时，她的心匆乱地跳个不停，不是因为被伟大的旋律打动，而是因为充满张力重复呈现的音乐动机像极了令她浑身震颤的梦中此起彼伏的钟声。她为这个想法感到羞耻，唯一期盼的便是那只熟悉的手能落在她的手背，帮她平息心中不堪的杂念。为此，她还专门把手搭在他们共享的座椅扶手上，十指微微翘起，娇嗔地等着他的领悟。但他明明看到了，却反而拉起衣领斜过身子躲开，仿佛那不是女朋友的玉手，而是小偷跃跃欲试的贼手。她侧目望他，发现他的脸色苍白，尽管眼睛一丝不苟地望着演出舞台，但眼神空洞，分明只是为了不理睬她的小动作而装装样子。母亲的警告就在这时在耳边响起，而她惊讶地发现，尽管母亲几乎从未对过，但这次却并没说错，他确实是个"不男不女的怪物"。令人不快的厌恶之情将她完全吞没，她慌张起来，简直不敢相信自己竟然爱过此人，直到他仍像座雕塑一样屹立不动，她才恍然大悟，坐在她身边的这个人只是架躯壳，曾经驻扎在里面那个生动的灵魂早就悄然溜走了。

回到家，她便默默收拾起行李，把几件简单的衣服和药塞进包里，却也没忘了给他留下一张字条。她决定独自小住几天。与其日夜担心他会离她而去，还不如主动创造机会让双方的情绪得到冷却。他需要经受考验，而她愿意再给他一次机会。

9.

K完全蔫了下来，他像一个被遗弃在荒岛的难民，一觉醒来，却发现同伴早已乘船离去。他试着去幼儿园找她，但她正处于休假间隙。他想回到自己的公寓，又担心她会在这段时间内回来。但事实上，最令他难堪的是，她竟然在他之前走了。一走了之的念头曾经无数次在他心里滋生，但一想到自己曾经从米亚的住所悄无声息地溜走，他就发誓再也不能让这种情节重演。

她留下的字条简明扼要，大抵说明两点，第一，她很安全，第二，她会回来。虽然无论从笔迹还是纸条内容都无从推断她出走时的真正内心，但他从最后的署名上找到了令人忐忑不安的证据——被签下的既不是她的众多绰号之一，也不是 X，而是那个他从未叫起过的全名。他反复端详那三个字，它们如此陌生，使得整张字条仿佛并非出自她手，而完全是一次经过严密部署的匿名恐吓。

他在担惊受怕里度日如年，暗自许诺只要她能回来，他就保证同意她的全部条款，并且一口气付清所有爱的赎金。他失去了信心，也失去了胃口，面对镜中骨立形销的样子，无奈地感慨自己和卡夫卡的命运将最终殊途同归——如果她再不回来，他就会像作家一样活活饿死。到了第三天傍晚，他终于扛不住了，饥饿感折磨着他的胃，使他不得不强打起精神爬起来煮点肉吃。在等待食物变熟的时间里，他坐在他们曾经共进晚餐的桌子前，面前的一切都在提示着她曾经的存在：切了一半已经发霉的橙子，成双成对的碗筷，拥抱的陶瓷玩偶盐罐，米沙·麦斯基音乐会的票根。他想起了就在那场音乐会中她故意放在他眼皮底下的手，并为自己当时刻意表现出的冷酷无情而忏悔。她就是在音乐会的次日清晨消失的，如果当时他做出了回应，也许她就不会选择离开。

肉还在火上小声咕嘟，而他胃里的咕嘟声早就连成一片。他只好先翻出两片濒临变质的面包吞下去，这才得以恢复片刻平静，再次展开字条，她的诉求在字里行间变得格外简练而清晰：她想和他结婚。

那么，当她回来的时候，他是否要主动向她求婚呢？是的，因为他毕竟还是爱她的。不是，因为他恐惧婚姻本身。掂量两者孰重孰轻的时刻到了，他再次搬出那架沉重的天平。曾经，它帮他精确测量了他们之间的公平性，现在，左边放上他对爱情的向往，右边放上他对婚姻的抗拒，指针摇摆不定，不知该往哪边添加砝码才能让它平衡。犹豫之时，他想到似乎很久前他们相互涂抹奶油的游戏，正是这件事，导火索般触发了他们持续的冷战。但就在此刻，他惊异于时间已经为整个事件镀上了一层光辉，而如果可以让时间倒转，他不但会毫不犹豫地让它重演，并且，新的灵感在他心中诞生：等她回来时，他会在她身上涂满奶油，然后像当初一样把它们吞进嘴里——这将是他的求婚仪式万无一失的开篇。

他沉浸在这妙不可言的想法中，以至于对那阵扑面而来的奇异之风浑然不觉。直到它径直蹿入他的肺中，他才突然明白，这是快被遗忘的爱的味道。他的眼前不禁浮现出和米亚令人唏嘘的往事。显然，在等待这间房子的女主人归来之时，对过往情人的思念的确有些离经叛道，但他怎么也无法控制住自己的思绪，因为那股气味比曾经任何时候都要强烈，争分夺秒地要占领他的整片肺叶。他的大脑开始空前高速地运转了,米亚很快就被抛在脑后,取而代之的是掌握他所有秘密的方达,活泼性感的女歌手,和他平安无事共度良宵的胖姑娘……但她们的脸孔都像幻灯似的一闪而过,仿佛只不过是在真正的主角出场前的客串暖场。快速切换的画面在这时停了下来,主角来了,他从无限深远的隧道尽头款款走来,不知用了多久,才从一个模糊的小黑点变成一位眉目清晰可辨的大人物。他笑盈盈地向他挥着手,而他已经由于过度惊讶而失去了语言能力。大胡子看上去那么亲切,和当年没有任何区别,他的笑脸也完全没变,说话的声音依然雄浑有力……

K决定抓住这次机会,一定要把他从未得到的那个吻弥补回来。但就在这关键时刻,他感到自己被一个飞来之物击中了。他下意识地顺着墙壁蹲下身,双手抱住脑袋埋进膝盖,再次抬起头时,却已经完全不见来人的身影。顺着落在不远处的一只皮鞋,他看到了怒气冲冲的父亲,他的手里捧着一把被撕烂的卡片,嘴里发出急促的咒骂。而K竟然看清了卡片的内容,那上面印着城堡,约翰·霍普金斯大学医院的徽章虽然已经破损,却仍像块金币似的熠熠生辉。听到动静的母亲早已冲了上来,她赶在那只皮鞋飞来之前就将他一把抱起,并用一连串的吻安慰这位在她怀里哭泣不止的乳臭未干的孩子。母亲的吻中咸涩的味道让他颤栗不止,因为他这才明白,此刻充满他每个肺泡的神秘幽灵并非爱情的味道,而是死亡的气息。

K悲伤地陷入绝境,似乎终于想起了那块被遗忘的肉,但他已经既不感到饥饿,也没有力气动弹一下。脑海中的电影逐渐停止了播放,起伏的微绿色电波趋于平缓,当一切回到黑夜中最寂静的时刻时,他才无奈地意识到,那个伟大的求婚计划似乎终究无法实现了。

"快醒醒!"他听到有人在耳边叫,似乎还有人在费力摆弄他的四肢,但是那里的每块肌肉都像被麻醉了似的毫无知觉。

"是我!别睡着,挺住!"他终于认出了那个熟悉的声音。谢天谢地,是她回来了。

10.

K睁开眼时,越过扣在脸上的氧气罩,惊喜地发现站在他床头的除了医生,还有泪痕累累的X。"总算醒过来了。"她扑到他身边,动情地把他越发消瘦的手掌紧紧握住。"我再也不走了。"

直到氧气罩摘除,他还没完全缓过神来。"到底出了什么事?"他疑惑地问。

"医生刚把你从一氧化碳中毒中抢救回来!"她说,"幸好发现及时。可是,房间里那么大的烟味,你怎么会忘记关火呢!"

"什么煳味?"

"锅烧干的煳味,液化气泄漏的硫黄味,你真的都没闻到?"

K摇摇头。他隐约想起了那股奇异的死亡的味道,现在他知道,那恐怕是段幻觉。

正在为他听诊的医生警觉地直起腰,边翻看他的病历边问:"你的年龄是二十六岁?"

"对。"

"看起来不像啊。"

"我一向如此。"

"昏迷之前你在做什么,还记得吗?"

K想了想:"在煮肉,但一发呆就把这事忘了。"

"煮了多久?"

"不记得了。"

"以前发生过这种情况么?"

"没有,是第一次。"

"有任何突发病史吗?"

"心脏病,癫痫。但自从十岁做过手术后就没再犯过。"

"在液化气泄漏期间没闻到任何异味?"

"没有。"

"鼻子有任何不适吗?"

"也没有。"

医生停止追问,眉头紧蹙地相继掀起他的鼻子和嘴巴，用头灯反复勘探，在确认他的淋巴没有发炎后，她脱掉手套挺直后背，熟练地从他的脖子摸到腹部，完全不顾这位可怜的病人因为被触到痒穴而止不住花枝乱颤。直到她确信他的内脏完好，身体毫无病变，才舒展开眉目，从床边站起来淡定地说："出院以后，你再去内分泌科看看吧。"

"为什么去那儿？"K诧异地问。

"保险起见，你恐怕需要做个全面检查。"

11.

在这场真正的确诊来临之前，K对他即将面临的境况毫无头绪。医生欲言又止的忠告让他浮想联翩，而内分泌科是他从未涉足的独立王国。叵测的命运折磨得他心神不宁，像是又要大病一场。但当他坐在诊室里，面对那位相貌和善的医生，犹豫该如何向他解释"我是谁""我为何而来"这些基本问题时，医生却似乎并不在意。他仔细打量他一番，犀利地提出第一个问题：

"你有嗅觉吗？"

在他想象过的种种开场白中，唯独这句台词从未闪现。而要命的是，这个听上去毫不相关的离谱问题却因为直截了当，而带有戳破本质的锋芒。K愣住了，他不知该如何回答。

医生像魔术师似的端出一排透明玻璃瓶，让他分辨盛在里面的无色溶液。仔细闻过后，K如实告之，它们都像水一样没有任何气味。

"这是醋，这是酒精。"医生指着它们公布答案，"只有这瓶才是水。"

他的话让K感到世界被撕开了一道口子。

"小伙子，你可能患有卡尔曼氏综合征。"医生说，"这是一种先天性罕见病，但在确定结论之前，还是再做些检查吧。"

虽然在K不堪回首的求医之路中见识过花样繁多的身体检测，但没有哪次能像这次一样让人猜不透逻辑。很快，若干组看似毫不相关的筛查结果就被公布出来：根据膝盖X光报告，他的骨龄比实际年龄落后至少十岁。激素水平检测显示他的男性血睾酮水平几近于零，而至关重要的染色体数目培养则表明他的染色体核型完全正常。医生向他逐一解释了所有数据的含义，然后放下诊断报告和钢笔，把握十足地宣布此前的假设绝对成立，他是个卡尔曼氏综合征患者无疑。

K的世界在这突如其来的确诊面前顷刻停摆。一切都不慌不乱地安静下来，等着他从巨大的愕然中凝固、僵硬、猛醒、狂喜、复苏，等着那些在他心中积存了二十六年的疑惑全部迅速滑向悬崖的边界、坠落、粉碎、湮灭。过了好一会儿，他才甩甩脑袋和双手，仿佛刚摆脱了从前禁锢他的镣铐，并永久获得了解开那些已不复存在的问题的钥匙——那个关于"我是谁"的复杂谜题。

医生重新拿起诊断报告。"你应当立刻开始激素治疗。"他说。

听到激素二字，K刚被点亮的世界又黯淡下来。他不得不从记忆中翻出那段仅具试验意义的两个月药物治疗经历，并把它们原原本本告诉医生。他还坦诚说出了自己选择停止治疗的理由，因为无论如何，他的生育能力无可挽回，而他的生活质量也不会因此再受到更坏的影响。

"那是一次误诊。"医生的语气就像他刚才宣布确诊时一样肯定，"你既不是生殖系统障碍，也不是睾丸萎缩，更不是性无能。就像你的体貌特征也和普通人不一样，这些都是使卡尔曼氏综合征病人困惑的表象，但不是值得关注的真正原因。"

"那真正的原因是？"

"性腺功能减退。病人的青春期不能正常启动，第二性征发育缺失都是出于此因，而多数患者有嗅觉缺失甚至肾脏发育异常等疾病也是常见的伴生症状。"

"您的意思是说，我在年幼时曾得过心脏病和癫痫症，难道也是这个原因造成的？"

"恐怕是的。另外由于缺乏性激素导致骨骼不能闭合，使得不少患者都像你一样个子很高四肢修长，但实际上骨质疏松得厉害，稍微用力就会听到骨头咯吱作响,对吧?"

K在复杂的情绪中一言不发。

"要知道,这种病的患病概率只有八千分之一,女性患病的概率还要更低。这种罕见疾病可不是随便哪个医生都听说过的。"说到这,他的眼角迅速闪过一丝自豪的微笑,"但我至少治疗过二十位像你这样的病人,而和他们一样,你要做的也不是像从前那样口服雄性激素药片,而是注射促性腺激素。通过治疗,你的生育能力极有可能得到恢复,有些病人甚至治疗不久就有了孩子。"

K几乎要被说动了。然而他沉思片刻后便再次坚定地向医生表示,如果治疗仅仅是为了恢复生育能力,那么他并不在乎拥有这种能力,因为他根本不想当一名父亲。

"在你决定是否接受治疗前要先知道,我们所说的治疗可不是临时补救,而是需要终身维持,否则一旦停下来就会失去效果。"

"终身治疗?"

"是的,每隔三天就要打一针。因此从另一个层面说,你当然随时可以选择放弃,也不需要把生孩子作为目标。但除了生育,治疗会让你重启青春期发育过程,让你具有正常的第二性征和性生活能力,你的身体机能也会变得更好。"

"那么嗅觉呢?"

"很遗憾，嗅觉恢复是极少见的特例，多数人无法做到恢复嗅觉。"

"可是医生……"

"怎么？"

K不安地望着他。"我的女朋友是特纳氏综合征患者。我们在一起会有问题么？"

"据我所知没有。"但他忍不住吃惊地感叹，"你们真是罕见的一对儿。"

"我的病和特纳氏综合征是一种么？"

"不是，但是表现却很相近。特纳氏综合征病人有性染色体基因缺损，只发生在女性中，而卡尔曼氏综合征病人的基因数目正常，男女均可能发生，患病概率更低。"

"特纳氏征患者能生育么？"

"不能，她们缺少一条染色体，大多数人即使治疗也无法生育。"

K舒了口气。虽然他还无法从这段对话中平复心情，但至少，他确信自己真的不用再为做父亲的事情发愁了。

"那么，今晚就开始打针吧。"医生边说边拿起笔，翻开病历本新的一页，隆重写下卡尔曼氏综合征的首写字母：一个大写的K。

爱的剖析

1.

X，英文字母第二十四号。

在数学中，x普遍表示自由变量或未知数，为避免和乘法符号混淆，多用小写。

在笛卡尔坐标系中，X代表水平横轴。

在没有正常乘法符号×时，X可以代表乘法符号。

在历史时期语境中，X可以被用作"之间"的缩写，如 1483 x 1485。

藏宝图中，X经常被用来标记宝藏位置。

罗马数字中，X代表10。

在当代艺术和时尚创作中，X代表两种或多种艺术的结合。这种表示方法源于日本，并被扩展应用到其他领域。

在信件语言中，X代表吻，XOXO即很多拥抱和亲吻，为表达真挚的情感，在信件、邮件和短信中使用。

X是性别决定生物染色体组中的一种特殊染色体，另外一种是Y。

在古希腊，"X"和"Ψ"是相同字母的几个变种之一，原本用于/K/，后来在西部地区，如阿卡迪亚，"XΣ"成为连音/KS/的简化。最后，较为保守的东方形式成为古希腊的标准，因此"X"代表/K/（即后来的/X/）。但是，伊特鲁里亚人已从西方的希腊世界接管"X"，因此，在伊特鲁利亚和拉丁美洲，"X"代表/KS/。

在信封上，笔记上，以及信件结尾写上"X"的传统做法起源于中世纪。当时，写在公文及信函上的基督教十字表示忠诚和信仰。后来，寄信人在十字架上增加了吻的印迹，作为他们曾立下的誓言。

那时，鉴于大多数人不能读写，"X"被印在公文上，而吻则覆盖在"X"上以示忠诚。在基督教历史上，经常被用来代表字母"X"的凯乐符号（Chi Rho），作为神圣符号，在希腊语中指代救世主基督。这个用法使得字母"X"得到应用，代表着神圣的誓言。

2.

好吧，我们不能隐瞒，K在看到上述为了把他和X的命运联系在一起而刻意寻找字面关联的做法时面露尴尬，他认为这其实太煽情，太生硬，太柏拉图了！（柏拉图式的婚姻根本就是一种煽情的说法。）而如果让他承认和父亲最为相像的一点，那便是父子二人都天生厌恶煽情。

　　煽情即刻意渲染，硬要把别人的笑容变成泪水。对 K 而言，"变形记"这场展览最不可容忍之处除了不负责任地盗用了卡夫卡的作品名称，还在于那些占满墙面的相似的笑脸。就算来自被抓拍的"决定性瞬间"，也不能掩盖摄影师刻意营造的态度——她试图让大家认同所有的父子情深都可歌可泣，她邀请大家和她一起陶醉在柔软的日常点滴里感谢生命，她躲在镜头背后琢磨该在何时按下快门，才能更有把握地争取到观众共情的眼泪。

　　同样的，在那场由父亲邀请他出席的音乐会上，当六位残疾人列队站好时，主持人明显地情绪激动起来，她的声音夹杂哭腔，胸口也开始剧烈起伏。但 K 相信只有像他一样的少数派才能识破那当然不是什么感动，而是赤裸裸的煽情——在隆重的介绍之后，观众的掌声意味着小型胜利，观众的泪水则会被视为巨大的成功！但是，K 相信台上的六个人也包括在少数派之中，那位抢麦克风发言的跛足少年只是想抓住机会出风头。而比起主持人拙劣的表演，那位竖琴手才是真正的高手——他不用眼含热泪胸脯起伏，只需理智地挥挥手随便指向哪个方向，就成功操纵了全场观众的心弦。最令人佩服的是当主持人反复旁敲侧击让他和家人对话时，全场的泪腺都开始蓄水，准备在听到"我想对我的家人说我爱你们"这句话响起时整齐地爆发。不是吗？难道所有人不都在等待这一时刻吗！但竖琴手优雅而不卑不亢地回绝了这个万众瞩目的要求。而观众并没感到他们被耍了，他们只是搔了搔准备听告白却听到一句再见的耳朵，把笑在变成泪之前又变回了笑。

3.

爱是煽情的工具，如果拒绝煽情就干脆不要讨论爱。但我们既然已经剖析了吻，剖析了身体，那么顺理成章的，我们该在这故事的最后剖析爱。

完整的爱包括身体之爱和精神之爱，当然，这种拆分方式似乎再次陷入煽情的陷阱。可是对 K 来说，这却是最为实际的情况——缺少身体冲动配合的爱让他心虚，因此虽然他多次确凿地相信自己拥有爱，但无论是作为获得者还是付出者，他既不敢接受我爱你三个字作为馈赠，也做不到把它们信誓旦旦说出口。长期以来，身心同步的爱对他来说是遥不可及的妄想，以至于在接受治疗后，当他能轻易率领身体配合灵魂时，他把爱视为奢侈品的态度却从未改变。

X 自始至终都在对她的爱进行独唱——爱的雏形

从她还是位乐迷姑娘时就已经形成，到 K 为她擦去脸上的妆后没有失望离去，而是勇气倍增地选择留下的当夜达到高潮。虽然她明确知道他病态的身体无法产生欲望，更十分清楚自己身体之爱的部分强烈需要另一个身体的配合，而在这时提起精神方面的共鸣甚至显得单薄可笑，但她从未想过放弃（无论是爱情还是对无性婚姻的追求），而是越发频繁、越发熟练地反复强调她爱他的事实，仿佛她的唯一目的就是惩罚自己，把完整的爱建立在不完整的先决条件上。我们极有可能以此为证说她不可理喻，一厢情愿。但假如我们只看到表象就下此结论，那么细节就会被永远忽视——她对性的抗拒始于很早之前。

在 X 十几岁时，一次放学回家后，母亲从她的书包里翻出了一只安全套。尽管她几乎跪下来百般解释，气急败坏的母亲却坚决不能相信这种事竟然是场栽赃陷害——怎么会有人愿意费力害一个最默默无闻的人呢！

"我真希望从来没生过你。"母亲用痛彻心扉的口吻说，"如果你从现在起就开始用这种东西避免怀孕，那么你最好能坚持一辈子，否则你早晚会明白这是个多么难以承受的负担。"

这句话比母亲的所有"性教育"都要更深刻地植根于她的内心，但她却没想到一语成谶，奠定了她日后生活的基调。作为一名于情于理都不该出生的孩子、母亲的负担、缺少一条 X 染色体的异类、人类五千分之一的失败，她有什么资格获得爱，怎么敢把靠药物营造的假象当真呢。性是正常人的特权，对于一个没有生育能力的不正常的女子，她唯有对自己加以限制，才能避免再次沦为其他任何人的负担。

表面上，发生在两个人心中的一切不安都在 K 接受治疗并建立了正常的生理冲动后得以明显改观——爱的禁令最终被爱的行动打破，身体的接触使他们的关系更加亲密，并让他们共同感到无论作为个体还是整体，他们似乎都不再那么孤独。全世界最好的事就是身体和灵魂步调一致的迈步，全世界最踏实的爱就是身体和灵魂协调统一的爱。

难道不是么？

4.

Déjà vu 即似曾相识，未曾经历过的事情或场景仿佛曾经出现。母亲第一次见到化了浓妆的女儿时，陌生的面孔背后是被遗忘的自己。X 在欣赏米沙·麦斯基的演奏时，大提琴家自发表现的强有力的肢体动作无法不使她联想起只在梦中才有权出现的高潮迭起。弥漫在这两种 Déjà vu 中的情绪，是会在她们心里卷起风浪的乱世。这些风浪太过危险，她们必须刻意逃避。

K 在父亲的失落和不满面前选择逃避。父亲在逃避儿子无法生育的事实。X在逃避她的爱是一厢情愿的可能。米亚在逃避无性的爱情。方达没有刻意逃避任何事，但如果非逼她说出几条，她在逃避警察和罚款，她惧怕生病，她还不愿触及任何与心灵有关的话题。

他们因为相遇而开始逃避时，从未料到这将是场永恒的长跑，并会成为未来"似曾"（Déjà）部分的素材。而他们在逃避的途中相遇，激发出的是难以辨认的"相识"（vu）。所有在逃亡路上飞奔的人们，被任性的上帝放着风筝。而当奔跑的轨迹交织成命运并开始发酵时，人们终于停下来抬起头，诧异地端起酒杯。在微醺的醉意中，一幕幕似曾相识被当成了真正的错觉。

5.

如果我们能拂去记忆的灰尘，一定会发现更多令人激动的"似曾相识"像散落的银币般值得收藏。其中一枚诞生于K在煤气中毒的幻觉中意想不到地重温了他在儿时经历的一幕。当父亲的暴力宣泄突如其来时，母亲情不自禁变成一只大鸟，轻盈地向那只不祥的异物俯冲，然后飞向她的儿子将他一把抱起。假如当时死亡的阴霾并未将K笼罩，他也许能从母亲的机敏反应中发现这块贯穿他一生的记忆的胎记——无论当X弹起《斯卡拉蒂D大调奏鸣曲》时，她的手臂自然而然带动身体向高音区倾倒，还是米亚为了抢到珍贵镜头飞速冲上去抓起相机——无数场似曾相识的共同基因如此隐蔽，以至于唯有把它们排列在一起时才能发现——是本能让这些"决定性瞬间"得以诞生，是本能使他们的身体在爱的驱使下极有天分地灵巧运动。

6.

父亲在得知儿子真正的病因后悔恨不已，作为一位优秀医生，他竟然没想到这种疑难杂症会在如此体面的科室便能得以妥善解决。为此，他已经搞不清整件事情是上天对他的奖励还是嘲笑，怀着谦卑之心，即使得知儿子依然有可能恢复生育能力，他也不敢盲目乐观，而是对儿子说了一番发自肺腑的话：

"这些事由你自己决定，我们老了，顶多给你出出主意。"

父亲的确老了，他的头发和牙齿都在脱落，记忆力也在脱落，而且比头发掉得还多，比失去牙齿的速度还快。越来越多的人物事物看上去似曾相识，却就是无法从记忆深处还原对应的痕迹。为了掩饰这一点，他甚至主动夸大所有暴露无遗的老化现象，每次起身都要故意先落回到椅子中几次才算达到目的。但这些表演仍不能帮他摆脱坏名声，因为健忘症一旦露出马脚,就会被母亲抓住不放。有一次,当他因为找不到眼镜而向母亲发脾气,却被指出眼镜就别在他自己头上时,母亲忍不住再次对他冷嘲热讽起来。

"糊涂蛋!"她哀叹道,"早晚有一天,你连自己都要弄丢的。"

"不要污蔑我,"父亲提出反对,"我绝不会糊涂到那个份上。"

但不再有人相信他的话。由于所有人都站在母亲这边,坚信他将在一个不可预见的日子里彻底丧失方向感,他们不仅对他的活动范围大加限制,还齐心协力为他制作了印有姓名和家庭住址的胸卡。这一对待犯人的举动让父亲感到威严丧尽,其侮辱程度和曾经那记重拳不相上下。为此,他早已不再把仅存的精力浪费在为自己洗清冤屈以及监督儿子的生育能力这些昔日头条,而是抓住每一位访客提醒他们不要忘记,他这位百折不挠的医生现如今只不过是在走向衰老,而没有沦为不中用的废物。这话一开始还没遭到攻击,然而就在最近,大家似乎不但不在乎公然冒犯他,还用统一口径般的恶毒言论为他洗脑:"您现在可是位头等病号,还是听从医生的话多注意休息吧。"

好在健忘症唯一的优点是,遗忘总是从最近发生的事情开始。因此即使他真的变成那种在车流中丧失方向感的老人,连自己的名字都回答不上的老人,那么谢天谢地,他一定会充分利用这个机会甩掉记忆的包袱，让大脑从过滤掉那些访客的劝诫开始，继而忘记这段时间的所有坎坷，并且彻底清空关于那记重拳引发的一切。但是无论如何，二十六年前那个本该属于他的从约翰·霍普金斯大学医院发来的实习医生邀请函将陪他留在记忆的最后，而最幸福的事也莫过于此，他将不受打扰地捧着那封金色的信件走到生命尽头，在崭新的每一天中，都会重温无数次被命运选中的狂喜时刻。

7.

父亲站在山崖边，欣赏着无边无际的山谷和宁静的湖水。在谷底玩耍的儿童坐在草地上，手里攥着风筝望着天。水面停着几艘帆船，在船尾坐着的运动员正在拉起桅杆。岸边的妇女把刚洗好的湿衣服晾成一排。蒲公英铆足了劲儿向天上看。种子从壳中跳到地面。

他们都在等待起风。终于，远方的草甸像梳头发般一排排低下去再挺起来，起风了。父亲踮起脚，他飞了起来。他的飞行速度并不快，但足以使他追上那些风筝。顺着在风中抖动的细线，他看到儿童的笑容如痴如醉，那是人一旦成年便会灭绝的笑。他轻轻向下蹬了一下脚，于是立刻升得更高。他看到那些帆船已经在远航了，白色的水花被甩在船后，沸腾似的翻滚。晾晒的湿衣服像旗子一样飘起来了，布料中的水分和妇女脖子上的汗水共同化成潮气构成几段穿插交错的彩虹。蒲公英只短途飞行了一阵，就被一位顽皮姑娘愉快地逮住，她为此深信自己将遇到爱情，在许下一个愿望后，便火急火燎地再次把它吹回天空。种子飞得并不高，它像个婴儿连滚带爬，直到感到困倦才停了下来倒头睡去。这是一片新腥的泥土，而它将在此成长。

父亲找到了控制飞行的方法，他飞得如此轻松惬意，犹如一片曼妙的羽毛。他向远方望，云彩浓成了团。他向上望，太阳的柔光离他很近。

父亲醒了，他躺在床上不愿动弹，唯恐在梦中注入身体的青春被现实冲走。这个梦境如此美好，以致他情愿在飞行中永不醒来。

8.

据说梦的科学观测是从婴儿开始的。1953年，世界睡眠研究之父克莱特曼教授和他的研究生阿塞林斯基在用脑电波的方法测量睡眠时，发现他们的研究对象——婴儿会出现快速眼动，他们当即猜想这种现象和梦有关。在观测中，这段时间内发生的脑电活动很特殊，因为它看起来完全不像是睡眠脑电波，而是清醒状态的反映（可以作为费里尼关于"梦是唯一的现实"的科学依据）。在这段时间里，脑电波频率变快，振幅变低，心率加快，血压升高，肌肉松弛，阴茎勃起。而如果一个人从这段时间内被叫醒，他会报告说正在做梦。

还有进一步研究认为，梦的形成起源于胚胎时期，因为快速眼动在七个月的胎儿脸上就已经形成。然而迄今为止，还没有人能说清沉睡在母体中的胎儿是否真的在做梦，而如果梦来自过往经验，那么胚胎的梦中是否伴随着子宫的收缩声，婴儿酣甜的梦中是否挤满了毛绒玩具的笑脸？

弗洛伊德在他最有名的那部著作中提出，梦主要来自"被压抑"的内容。无论这个理论是否完全准确，它至少可以解释父亲关于飞翔的梦，X关于敲钟人的梦，以及米亚关于沿着脊背滑下的鱼的梦。同样的，这个理论也可以解释K的梦——事实上，这是个自从他接受注射治疗后才开始出现的梦。但和那种内容重复的梦不同的是，他的梦以一种更为罕见的形式上演——它在每次出现时都会从上次停下的部分完美继续，仿佛由于整场梦境过于宏大而不得不被剪辑成几段似的。于是在K接受治疗的若干年后，当X有一天心血来潮和他聊起关于梦的话题时，才不得不承认比起她自己一成不变的梦境，K的梦更别致，更显得意味深长：

"篮球赛场上，我作为二号大前锋和一位比我高大强壮的后卫队友并肩作战。虽然在梦中我无法认出他的身份,但每次醒来后,我都能从他满脸的胡须中断定他是我的中学同学。在球场上,他屡次为我拦截住横冲直撞的对方球员,用自己厚实的身体保护我免受伤害,仿佛那即是他的唯一使命。在第一场梦中,他替我对抗的是位矮小的红头发男生。那个人总想找机会和我对着干,但大胡子每次都能在关键时刻要么把他掀翻在地,要么堵住他的突袭,使我得以顺利投篮,而那位对手则最终不得不由于伤势过重中途退出。当我醒来时才辨认出,红头发球员是曾在学生时代羞辱过我的同学……"

"大胡子在中学时代真的经常保护你么?"

"是的。"

"那么红头发在之后的梦中又出现过么?"

"没有,因为他被另一名队员替代了。有些狠角色轮流拿球向我们砸,每当这时我和大胡子就会形成一支联动组合,无论如何,最终他们从未得逞。"

"为什么会梦到篮球比赛呢?你曾经喜欢打篮球?"

"我在学生时代的确向往在球场上驰骋,这可能和大胡子有关——他是校队篮球明星。但在现实中我很少打球,因为多数人不能接纳我这种怪人。"

"这个梦出现得很频繁么?"

"迄今为止大约五六次,平均每年只有两次。但它的确还在继续,我也期待它能继续。"

"所有的场景都发生在赛场上?"

"不都是。也有些在训练场或是休息室发生。"

"你在其中的形象和你现在的样子一致么?"

"不,和我在治疗前的样子更加接近,但比那时还要瘦小许多。事实上在梦中我并没有那么高,而是个留齐刘海的小个子。"

"但你仍然能肯定那是你本人?"

"是的,确定无疑。"

"梦境中除了双方队员还有别的人物么?"

"有。我们为之效力的是支名叫自由人的球队,除了球员,教练也会出现在梦里。他是位温文尔雅的中年男人,虽然在球场上他总是焦虑地大喊大叫,但在场下却是和我们亲密无间的朋友,尤其乐于为我和大胡子单独讲解战术。他还会在训练场上亲自扮演那些难缠的角色,身体力行地为我们传授作战秘诀。"

"在现实生活中你能认出他是谁么?"

"不知道。但他在梦中就像一位真正的父亲。"

9.

事实上接受治疗后的第六个星期 K 就变声了。鉴于这一次他打定主意从容面对所有变化,于是当毛发从他的两腮、腋下和神秘谷地再次全面复活时,当他感到自己的体力明显增强时,当他双腿间凄凉的窘况总算焕然一新时，就像是水到渠成似的，那种难以抑制的冲动再次倾注进他的灵魂。在这个力量的引导下，走在街上，他开始关注女人的胸部和大腿，躺在床上，他极其隐蔽却迫不及待地安慰自己的身体。当然，这些偷偷摸摸的小动作根本没逃出 X 的眼睛，但她自发现之日起就仁慈地宣布将对他实施援助而不是惩罚。

"别担心，这没什么不对的。我能帮到你，而你也能帮到我。"她解开他的扣子柔声说。

K 觉得这句话似曾相识，但就是想不起曾在什么时候听谁说过。此时距离开始治疗已有半年，而他也完成了所有青春期的蜕变，成为一位不同以往的新人。和之前为期两个月的治疗相比，这次的变化更加彻底，因为甚至连父亲都险些认不出他来，但母亲并未把这当成他健忘症的有力证据，因为连她自己也快认不出儿子了。这让母亲不禁感慨，过去的儿子是个定格在婴儿期的成年人，但现在，他却像婴儿一样飞快地长大了。

在一个最平凡的清晨，K 还没睁开双眼，就感到一股熟悉的来自三角谷地的蓬勃朝气正逐渐控制他的全身。被顶起的被子使他很快辨认出事情的本质——他正在历经一场晨勃，而一如既往地，它的光临简直毫无预兆。K 一动不动，既不敢叫醒睡在身边的她也不敢贸然掀开被子，生怕吓跑这只调皮的蒙在草丛中的野兔。他等待它，观察它，感受它的存在，因为每个瞬间都是决定性的。

她醒了。顺着他的目光,她也发现了那只野兔,立刻高兴地缩回被子趴在它旁边,小心翼翼地拨动那片草丛。令他们欣慰的是,野兔并没被吓跑,而是在本能的驱使下做起了早操。她立刻当仁不让地把握住必须起床前的最后一刻钟,邀请这只可爱的野兔钻进自己的身体嬉戏。

"你是谁?"就在刚才,她调皮地捏住野兔赤红的脖子提问。自从他的本能在她面前第一次自然流露,她便发明出这句逗他的话。然而他似乎永远无法找到令人满意的答案,即便他们早已把无性的誓言抛在脑后,他也只能在这句问话面前尴尬地装聋作哑。

在这场身体的风波平息之后,他再次陷入对"我是谁"这个终极问题的沉思:他不再是惧怕父亲的儿子,母亲怀里的婴儿,不再是"花生米",不再是长不大的怪物,不再是没有性冲动的无能症患者,也不再是和卡夫卡的御用男主角同命相怜的可怜虫。他是个需要终身用药的病人,但按照八千分之一的概率计算,在这个世界上,还有九十万人和他一样,所以他并不是孤军奋战。但事实上,他根本不需要通过上述排除得出答案,因为他已经实实在在地知道,他一直拥有爱,并能源源不断产生爱。爱并不罕见,而这是一种无比奇妙的幸福。

因此,即使明明知道在这种气喘吁吁的时刻说出

情话并不厚道,即使他依然认为具有煽情成分的誓言有些轻浮,他还是抓住灵感的尾巴,动情地扣住她的手说:

"我是你的命中注定。"

K / 他

1.

"今晚最后一曲,来自上世纪二十年代的爵士金曲 *Why I Was Born*——《我为何而生》!"

随着乐手们的合奏响起,站在那盏法式花枝水晶灯下的年轻女歌手缓缓摇晃起身体,她伸出双手探向前方,仿佛要接住从头顶倾泻而下的光。极具穿透力的歌声被悬挂在不远处的激光旋转彩灯投射到所有角落,听众静静地互相依偎着,聆听这几句意味深长的歌词:

我为何降生?
我为何活着?
我能得到些什么?
我又被给予了什么?

为什么我想要得到不敢奢求的东西?

我能期待些什么?

真希望我能知道。

……

女歌手重复两遍歌词后便转身离开舞台,但是乐队的伴奏仍在继续,新的唱段被一个奇特的嗓音接替:它既年轻又沧桑,既如女声般高亢又像男声般沙哑,既细腻多情又不失雄浑的爆发力。然而空荡荡的舞台中央只有一杆孤独的麦克风,这让观众费了好大力气才明白并没有什么神秘嘉宾藏在幕后,那声音其实源自一台并不起眼的黑色音箱。

直到这首曲子真正结束,演唱者的身份才被公布出来。

"刚才诸位听到的是吉米·斯考特(Jimmy Scott)在 1953 年的录音,他是这首歌的原唱者之一。"鼓手宣布,"今晚的演出就到这里,祝各位晚安。"

和以往不同的是,没人在此刻带头高喊"再来一个",仿佛大家一致认为那个常规性的返场程序会破坏当前气氛,于是颇有默契地排着队安静地离场。在屋子里重新恢复平静后,几位乐手打开所有灯光,七手八脚地把几台桌子拼在一起,并迅速在上面搭建起一座晶莹剔透的香槟塔。

这是棉花俱乐部全体成员为 K 特别安排的节目。由于他在最近一段时间发生了令人瞠目结舌的变化,在几位同事的追问下，K不得不向他们坦白了自己正在接受罕见病治疗。但令他心安的是，他获得了所有人的祝福。不仅如此，为了庆祝他迟到的发育，大家还特地发掘出吉米·斯考特的代表作作为当天的压轴曲目。这位出生于美国俄亥俄州的爵士演唱大师因其独特的高频唱腔举世闻名，而使他能在艺术领域独树一帜的关键和令他一生饱受争议的根源是同一个，那便是他也是一位卡尔曼氏综合征患者。

"小子！"俱乐部老板热情地从香槟塔最上层端起两只酒杯，把其中的一只递给K并连连感慨，"以后我就这么称呼你啦！怎么样，刚才那首曲子很应景吧！"

K笑着点头，用一饮而尽表示感谢。

"你注意听歌词没有？我越听越觉得这种词只有吉米·斯考特唱合适！我为何而生——这问题你要问我，我还真答不上来！"

"老板，您是为音乐而生啊！"有人在旁边笑着插话。

"那可不敢当，我就是个普通人！"老板又转向K，"但是你知道，找到这么个榜样可不容易，更何况还是咱们音乐界的大腕！他肯定是卡……卡什么曼来的，总之就是你们这个病中最有名的一位！"他说完便仰起头把手中的酒吞掉。"但无论如何回归平凡是件好事，小子，恭喜你啊！"

虽然话语简短，但这简直是K能想到的最准确的祝福，最漂亮的总结。他的大脑兴奋地奔腾着，在那里，一列曾令他恐慌的贴着标签的列车已经远去，而他此时置身的车厢虽人满为患，但作为一位不存在任何疑点的普通乘客，他骄傲地忍受着和所有人一样的拥挤和嘈杂。

"兄弟，你女朋友不是要来吗？"鼓手拎着半瓶威士忌走过来问，"她什么时候来啊？"

"她要迟到一会儿。"K还不太适应这些接踵而来的新称谓。他试着回想过去他们是怎么叫他的，却发现那片记忆简直就是空白。

"我觉得X是个伟大的女人，一会儿你可得好好敬她一杯！你想想，还有谁能像她那样对你不离不弃！她简直是你的幸运星嘛！"鼓手的话引来一片赞同的碰杯声。

"尤其是以前！天啊，你们的日子是怎么过来的？我的意思是，如果你没出那件中毒的倒霉事，没恰好碰到一位负责任的医生为你确诊，你没准儿还真看不出她是不是会一直跟着你！但一个男人能考验一个女人的唯一方式就是让她陪你吃苦！兄弟，你这不是因祸得福是什么！"

K不大自在地耸了耸肩，他的手指再次下意识地搅在一起来回翻滚，但现在已经没什么声音从骨缝里冒出来了。

"其实自从那天你和大家透露了治病的事，我就一直在思考一个问题——如果是我摊上这种事该怎么办。你猜我的答案是什么？"鼓手情绪激动地从香槟塔上抓起一对儿杯子，"我想了很久，但根本找不到答案！我不知道该怎么做！你明白吗！我他妈的真的想不出来！以前我敬佩你的才华，但从那一刻起我发誓更值得敬佩的是你的经历！兄弟，你也许都不知道，你是个伟大的人，你和你的女人都他妈是这世界上最伟大的人！"

"你喝多了。"K从他手中夺过酒杯一口气吞下，"但你说得对，你不可能知道该怎么做，因为我也不知道该怎么做。"

"你当然知道。谁敢相信现在的你和几个月之前的你是同一个人呢！"

"实际上我只不过是在随波逐流。"

"别太谦虚了！随波逐流的人哪能这么命好，事业爱情两不耽误？话说，你以前那个摄影师女朋友也不错，可就是太厉害了……"

"我们别提过去的事了。"

"对对，不管怎么说，过去那些传闻也都可以去见鬼了！"

"什么传闻？"

"你不知道吗？我说你怎么他妈的这么幸运啊！我敢说，有时候白挨诽谤比挨枪子还难受！"

"你们都知道他说的传闻是什么？"K转向大家问，但是没人回答。

"其实也没什么的,只不过有人说你是同性恋。"贝斯手迟疑片刻答道,"但是说到这儿我得向你坦白,我曾经还真信了这话,虽然就算真是也没什么的。"他的话又引来一大波表示赞同的举杯。

"可是,你们难道不知道我一直都有女朋友吗?"

"是知道,但什么事没有假的呢。哎,你可千万别怪我说实话!"

"没关系,我其实一点儿也不吃惊。"K真诚地拍了拍这位同行的肩膀。

"别装了!同性恋算什么,我要是同性恋我就敢承认!既然这样我也坦白,我还听到过别人说你是女人。你知道,就像痴迷于女扮男装的那号人似的,是个地道的姑娘。我当时就和造谣的人说这不可能,因为我们都亲眼见过你在男厕所可是站着撒……撒尿的,对吧大家……"音响师从演出开始时就不断在控制室喝酒,现在显然舌头已经不利索了。

"嘿兄弟,咱们大伙是不是朋友?"苏醒过来的鼓手抢过话头。

"这还用说。"

"那你就别介意我们说的这些——我们真以为你都知道。这样吧,如果你同意,我们就再告诉你几条更过分的传言,如果你不想听大伙儿绝不再多说一句。总之都是你的选择,我们说不说都不要紧,那些闲言碎语听不听也没关系。"

K 咬紧嘴唇。面对一张张跃跃欲试的面孔,他递给了他们默许的眼神。

"那我来说个离谱的,"刚才光顾着笑的吉他手清了清嗓子发话了,"你们猜我听到过别人怎么说,他们说你是雌雄同体,说你是双性人!啊哈哈哈,天啊,这不是太过分了吗!你们能听得下去吗!"他故意停下来环顾四周,仿佛是在清点大家对这件事的态度,"但这还不算最过分的!你们知道我是听谁说的么!是位回头客!我就不点他名字了,一说你们肯定都认识!而且他还说他之所以常来我们这儿,就是因为对这件事特别好奇!"

"我知道你说的是谁——是不是那个对我们的曲目倒背如流的男人?啊哈!肯定是他,我就说嘛,他每次来都盯着 K 抢答,我还以为他对他有意思呢!"

"不是那个人,我用人格担保不是!"

"那你说是谁,你敢说实话吗!"

"就是,你得告诉大家这人是谁,敢在背后说咱们的人的坏话,以后就得直接轰出去!"

"有这种嗜好的人搞不好自己也是个变态……啊呀当然,我不是那个意思,来来来,喝酒喝酒……"

争论被一通激烈的鼓点打断了,大家向舞台望去,发现是鼓手在用这种方式争取难得的片刻安静。他的脸色通红,手里攥紧鼓槌直指向 K 喊道:"我的兄弟,大家今天纯属借这个机会开开心,你可千万别介意啊！我敢对天发誓，我们所有人从来没把你当外人，因为你知道，我们这个集体就是这么互相关心，因为我们一向都很爱你！我们支持你！虽然说我们也知道你并不像我们爱你那样爱我们，因为你可能总觉得自己和别人不太一样，但现在你已经和大家没什么差别了！可是就像我说过的，这又有什么关系呢！其实甭管你到底是男的还是女的……"

"不说了都不说了！来，让我们庆祝咱们极有天赋的K正式进入成人世界！这是个开心的日子！干杯干杯干杯，啊哈哈哈……"

2.

K从没这么醉过。当他像摊烂泥一样倒下时只依稀记得，构成那座雄壮的香槟塔的第一杯和最后一杯都是被他吞下的。事实上他就跌在这奇观的脚下，然而那座华丽的构筑物已经不复存在了——它和他一起彻底坍塌下来。

"少喝点儿！"刚才他们都这么劝他，甚至还有人过来抢他手里的杯子。而他也的确早就感到头晕目眩，真想把那些杯子统统摔在地上。可他为什么就是停不下来地仰起脖子接连把酒灌进肚子里呢？为什么别人越拦着他，他就越迫切地想要挣扎和反抗呢？

"这就是激活青春期的后果——叛逆！看来打那玩

意儿还真管用……"有人这么说。

"算了吧！你喝多了也是这副德行！"有人那么说。

他们当然都没说对——醉酒是早在K还完全清醒时便做出的决定，他要麻痹自己，而酒精是唯一的麻药。那么，是那些过火的谣传让他心里难受，所以才要选择这种方式逃避现实么？不是。是因为他满心期望自己的改变也能带动整个世界对他的态度随之而变幻想破灭么？没这种奢望。是因为朋友们争先恐后讲述传言的态度让他感到无所适从么？更不是。考虑到在他已经过去的人生中早已被无数次当成笑料，无论多离谱的传闻他也都听过，刚才大家兴奋讨论的那些话根本没超出他的免疫范围，既不算做最有想象力的谣言，也没资格当选出其不意的笑话——他们和他们说的话都一点儿也不可笑！

使他急于寻求麻痹的真正原因在于孤独之痛。这种感觉就像他曾经在摄影师面前脱下外套后浇在脊背上的那股阳光瀑布一样刺骨，就像当他发现X已经独自离开，把他一个人抛弃在房间里一样伤心透顶，就像他在观赏音乐会时偷看到父亲冷若冰霜的表情一样难以承受。他本以为作为今晚的主角，他的责任是让大家领会到他的灵魂终于进驻到正确的身体，他甚至准备向诸位分享这绝不多得的体验，并反复设想当他展示胳膊上的健康肌肉和隐藏在腹部的针眼时大家脸上浮现的复杂表情，但孤独感让他临时取消了原计划中的所有安排。唯一的事实尽管鼓噪却格外清晰：起码在这个晚上，没人关心他近乎煽情的故事，因为所有人都想笑。

因此他尽量把自己从这场乱哄哄的聚会中剥离出来，尽管大家都在说他，他却故意扮演起他自己的听众，他自己的观众。这个慧根极深的办法果然奏效，很快他就不觉得心烦意乱，而看热闹开始变成一件难得的趣事。又过了一会儿，当他好不容易把所有情节以围观者的身份串起来时，竟突然领悟到那些笑的原因——并不存在什么深层原因，光是那个怪人本身就足以让人笑得喘不过气来！于是他彻底放弃了潜意识里还坚守的夹着尾巴做人的原则，奋不顾身加入大笑的行列并一发不可收拾。他笑得一只手撑住肚皮一只手撑住桌子，随后又不得不扶着墙蹲在地上；他笑得流出眼泪，并头一次发现无论在什么情绪下产生的泪水都他妈的咸得要命；他笑得太过火了需要停住，但全凭自己完全停不下来，于是试着呼救，可又无法为这个动作匀出半分力气；他被自己的笑声震得耳鸣，直到过了不知多久，才发现大家已经停止了笑忙于做别的事，而屋里正播放着令他嗤之以鼻的动感舞曲。啊不，不是他憎恨这种音乐，而是那位不幸的笑柄竟然还在自视清高！于是他想都没想就投身到热舞的队伍，尽管根本不会跳舞，却比谁都要疯狂地轮流向舞池中的伙伴们送胯扭臀。"嘿兄弟快看，你的好女人来了！"他得到通知顺着一根手指望去，在舞池的外沿果然有个熟悉的身影在向他招手，但这个情景残忍地结束了他的灵魂漂移，又把他拉回到那个笑料百出的肉体。他这才意识到，比起扮演自己，扮演别人简直要容易得多，快乐得多。在得到这个结论后，他便决定对她视而不见，用更忘我的姿态迈着别人的步子向舞池中心旋转，仿佛只有这样做才能确保不与自己重逢。可这次一切有点儿不听使唤了，因为他很快便察觉出她像只鹰似的扑了过来，还企图和他贴着背跳舞。"别这样。"他低声俯在她耳边说，但她拒绝服从。"别围着我转，我不是我。"他哭丧着脸请求，"我现在真的不是我。"在他反复强调了几遍这个意思后，他的胸口就被她的头严严实实地堵住，身体也被她密网似的怀抱罩了起来。这个限制他化茧成蝶的做法使他极度不满，于是他用力甩着身体，为重获自由做最后的挣扎。直到他在爱与恨的捆绑中不知不觉飘出舞池来到那座香槟塔面前，克服重重阻力夺到最后一杯橙黄的液体喝干，一股从胃底泛起的冲动使他本能张大了嘴，把未经消化的呕吐物准确无误地喷溅到几张虚幻得无法辨认的脸上。在看到这一幕后，他才在酒精的作用下彻底丧失了听力和视觉，他轻飘飘的灵魂像片羽毛似的荡回那架已经瘫倒在地的修长的躯体，着陆时丝毫不差，正如它在生命之初以八千分之一的精确度向他冲刺时一样，而世界也恢复到从未有过的平静与安详。

图书在版编目(CIP)数据

罕见的爱 / 王丁丁著 . —上海:文汇出版社,
2022.1
ISBN 978-7-5496-3620-4

Ⅰ.①罕… Ⅱ.①王… Ⅲ.①长篇小说-中国-当代
Ⅳ.①I247.5

中国版本图书馆 CIP 数据核字(2021)第 210215 号

罕见的爱

著　　者	王丁丁
策　　划	牧神文化
责任编辑	徐曙蕾
封面设计	Studio ATAH

出版发行	文汇出版社
	上海市威海路 755 号
	(邮政编码 200041)

照　　排	南京理工出版信息技术有限公司
印刷装订	启东市人民印刷有限公司
版　　次	2022 年 1 月第 1 版
印　　次	2022 年 1 月第 1 次印刷
开　　本	850×1168　1/32
字　　数	125 千
印　　张	7.75

ISBN 978-7-5496-3620-4
定　　价　48.00 元